대통령 기록전쟁

대통령 기록전쟁

노무현, 대통령기록을 남긴 죄

전진한 지음

한티재

진짜 기록인이 쓴 대통령기록의 역사

이소연

덕성여대 문헌정보학과 교수 / 한국기록학회장

추천사를 쓰기로 하고 편집 초고를 받아 읽었다. 지난 십여 년간의 개인사와 이 책이 증언하고 있는 내용이 중첩되는 부분이 적지 않았다. 추천사를 쓰려면 어느 정도 거리를 두고 읽어야 할 터인데 만감이 교차하여 읽기가 쉽지 않았다. 아마도 대부분의 기록인에게 그러할 것이다.

대체로 그렇겠지만 이 책이야말로 저자를 빼놓고 책에 대해 말할수 없을 것이다. 이 책은 "필자는 기록관리 전문가가 아니다"라는 문장으로 시작된다. 현장에서 실무를 해 본 적도 없고, 박사학위도 없어 전문가가 아니라는 것이다. 그러나 스스로가 전진한보다 더 기록인이라고 생각하는 기록인은 없을 것이라고 생각한다.

전진한은 참여연대 활동가로서 행정감시 활동의 일환으로 정보공개운동을 시작했다. 정부 활동에 관련된 정보공개를 청구하면서 '정보 부존재'라는 벽에 거듭 부딪쳤다. 정부가 일을 했다는 정보, 즉 기록이 도대체 왜 없다는 건지 확인하기 위해, 그리고 더 신뢰할 수 있는 기록이 더 충분히 만들어지도록 하기 위해 기록관리운동을 시작했다. 그 일환으로 한 언론사와 함께 '기록이 없는 나라'라는 특집 기사를 보도했는데, 그 기사를 한 대통령이 읽었다. 스스로를 '기록대통령'이라고 불러 달라던 대통령, 그는 기록관리체계를 주요 축으로 하여 정부업무 혁신이라는 패러다임을 세웠다. 그리고 청와대를 그 체계의 모범 사례로 삼아 많은 기록을 남겼다.

아름답게 끝날 수 있었고, 그랬어야 마땅했던 노무현 대통령의 기록이, 퇴임 이후 아무도 예상하지 못했던 전쟁의 화약고가 되었다. 이른바 '대통령기록 봉하 유출' 사건이나 남북정상 대화록 공개 등, 시간이 지나고 나면 한국사의 한 장을 장식하게 될 정도로 큰 사건들이 연이어 벌어졌다. 이 책의 저자나, 필자를 포함한 기록인들은 당황스러움, 분노와 안타까움이 뒤섞인 착잡한 마음으로 사건이 걷잡을 수 없이 확대되는 모습을 무기력하게 지켜볼 수밖에 없었다. 이 책은 대통령기록을 둘러싸고 지난 십여 년간 벌어진 일들을 기록한 내용이다. 저자의 말을 빌면, "활동가로서 기록관리운동을 하다가 기록을 하는 사관이 되어 버린 셈이다".

기록을 통한 업무 혁신을 가장 중요한 국정 과제로 여겼던 노무현 대통령은 "기록하지 못할 일은 하지 마라"고 하는 철학을 갖고 있었다. 공공부문에서든 민간부문에서든, 단체든 개인이든 신뢰를 받기 위해서는, 그리고 그 행위에 대한 투명성을 인정받기 위해서는 다른 이에게 설명할 수 없는 일은 하지 말아야 할 것이다. 그것이 '설명책임성'accountability이다. 기록은 대통령이나 공무원이 하지 말아야 할 일은 하지 않았고, 해야 할 일은 마땅히 그리 해야 하는 방식으로 수행했음을 흔적으로 남긴 것이다. 이를 통해서만 투명행정과 책임행정이 이루어졌음을 판단할 수 있다. 그를 믿고 막중한 책임을 맡긴 당대의 시민은, 그리고 후대의 역사는 기록을 근거로 해서만 그가 책임을 다했는지를 판단할 수 있다는 뜻이다. '책임을 진다'는 말은 이런 뜻이다. 무슨 일을 어떻게 했는지 알 수 없는데 어떻게 책임을 묻겠는가?

아마도 우리 생애에 벌어진 일 중에 가장 오래도록 역사에 남을 일은 세월호일 것이다. 외형적으로 어느 정도 꼴을 갖추었다고 생각했던 대한민국이 속 빈 강정이었다는 것을 이보다 더 분명하게 드러낼 수가 있었을까? 사건 자체가 너무나 놀라운 일이었다. 하지만 가장 놀라운 것은 그 일이 있고 2년이 넘게 지난 현재까지 도대체 왜 그 배가 그런 상황에서 바다로 나갔는지, 어떤 원인과 과정으로 가라앉았는지, 그리고 왜 구하지 않았는지를 확인하지 못했다는 점이다. 그래서 아직 아무도 그 일에 책임을 지지 않았다. 아파트 경비 아저씨도 근무일지를 쓰는데, 평일이었던 그날 낮 근무시간에 대통령이 어떤 일을 했는지에 대한 기록은 남아 있지 않거나 공개되지 않았다. 대의제 민주주의를 표방하는 대한민국에서 기록이 없다면, 그리고 그 기록이 공개되지 않는다면 '국민이 주인'이 될 수 있는 길은 없다 해도 과언이 아닐 것이다.

　아마도 기록, 특히 대통령기록을 둘러싼 전쟁은 앞으로도 계속 벌어질 것이다. 작년에 나온 『대통령의 욕조 ― 국가는 무엇을 어떻게 기록해야 하는가』(이흥환 지음, 삼인, 2015)는 미국의 대통령기록을 둘러싼 이야기를 다루고 있다. 이 책은 우리가 상대적으로 안정적인 기록관리체계를 갖추었다고 판단하는 미국에서도 다양한 힘이 충돌하는 긴장관계의 한복판에 기록이 있음을 보여주고 있다. 다만, 두 책을 함께 읽다 보면 기록과 신뢰에 대한 '상식'의 출발점이 두 나라에서 어떻게 다른지를 확인할 수 있을 것이다. 그 출발점의 위치를 더 건강한 방향으로 이끌어 가는 것이 기록공동체의 사명이자 존재 이유일 것이다. 집단으로서의 기록공동체와 한 명 한 명의 기록인이 보유하는 전문역량이 그 성취를 결정할 것이다. 이 책이 증언하고 있는 사건들을, 각 사건이 함의하는 오해와 미진함을 맑은 눈으로 복기하고 이후에 발생할 유사한 사건들에 대비하여야 할 것이다. 이 책은 기록을 통한 투명사회, 책임사회, 신뢰사회를 갈구하는 시민들에게뿐 아니라, 기록이라는 정신에 헌신하고자 하는 기록인에게 갈 길을 알려주는 소중한 책이다. 저자와 출판사에 감사의 뜻을 전한다.

기록하지 않는 나라는 미래가 없다

백승헌

'바꿈, 세상을 바꾸는 꿈' 이사장 / 전 '민주사회를 위한 변호사모임' 회장

우리의 기록에 대한 전통은 남부럽지 않다. 기록물을 생산하고 보존하는 데 그친 것이 아니라 그 과정에서 권력이 개입하는 것을 막는 장치 또한 훌륭하게 갖추기도 하였다. 그러나 이러한 전통은 피지배와 분단의 질곡에 가로막혔고, 한국의 근현대는 기록의 빈곤 시대가 되어 버렸다.

정부 수립 후 대통령기록을 포함한 공적 기록의 절대적 빈곤을 외부적·역사적 조건 탓으로만 돌릴 수는 없다. 기록물의 생산자이자 기록의 대상인 당대의 권력이 이에 대한 인식이 부족하였을 뿐 아니라 이를 반기지도 않았다는 것이 가장 큰 장애물이었기 때문이다.

기록물은 후대를 위한 것일 뿐 아니라, 권력이 공적이고 민주적

으로 그리고 정당하게 행사되도록 하는 현재 권력에 대한 통제수
단이기도 하다. 그러기에 비공식적이고 드러나지 않는 권력 행사를
선호하는 권위주의 정부 아래서는 기록의 공적 생산과 보존을 기대
하기 힘들다.

기록의 빈곤으로 우리 현대사의 중요한 사건의 진실이 상당 부분
은폐되어 있고, 우리 정부에 관련된 중요한 사실을 우리의 기록물
이 아닌 외국의 기록물 공개를 통해서야 확인하는 웃지 못할 상황
이 드물지 않게 벌어지기도 한다.

이러한 과정을 돌이켜 보면, 우리 사회가 대통령기록물의 실질적
보존을 강구하기 시작한 것이 민주화로 인한 정권 교체 이후라는
것은 결코 우연이 아니다. 이 책은 우리의 대통령기록 제도의 성립
이 매우 힘든 과정을 겪었으며, 어떤 배경을 가지고 있음을 드러내
어 정리하고 있다. 또, 기록물이 단순히 지나가 버린 과거의 유물이
아니라, 살아 있는 현실에 대한 기록이고 그 영향이 미래로 이어지
는 것임을 보여 준다. 나아가 지은이는 이 책을 통해 기록물 보존의
과제는 여전히 미완임을 잘 드러내고 있다.

우리는 제도가 기록물 보존의 기본조건이 될 수는 있을지언정 그
실질적 의미를 보장하는 충분조건이 될 수 없음을 대통령기록물을
둘러싼 여러 사건에서 목격하였다.

기록물 제도의 초석을 놓은 정부가 기록물 문제로 공격받고, 반
면 기록물을 남기는 데 매우 인색한 정부가 기록물법을 수사 개시
의 근거로 삼는 아이러니는, 기록물 제도가 제도적으로뿐 아니라

정치적·사회적으로 충분히 수용되어 있지 못함을 보여 줌과 동시에 우리 사회가 아직도 민주화의 도정에 있다는 것, 그리고 권력의 사유화로부터 자유롭지 못함을 반영하고 있다.

"기록하지 않는 나라는 미래가 없다"는 경구는 낯설지 않다. 이 책을 '과정에 대한 기록'을 넘어서 현재적 과제와 이를 개혁하기 위한 제언으로 받아들여 줄 것을 간곡히 부탁드린다.

일러두기

1. 모든 법률의 약칭은 국가법령정보센터의 규정을 따랐습니다. '공공기관의 정보공개에 관한 법률'(정보공개법), '공공기록물 관리에 관한 법률'(공공기록물법), '대통령기록물 관리에 관한 법률'(대통령기록물법) 등.

2. 이 책에서는 '청와대'와 '대통령비서실'을 구분해서 썼습니다. '청와대'는 크게 대통령비서실과 대통령경호실 및 각종 자문위원회를 합친 기관입니다. 또한 청와대 건물을 가리키기도 합니다. 대통령비서실은 말 그대로 비서실 자체를 말합니다. 따라서 비서관 이상 직책을 쓸 때에는 대부분 '청와대 ○○ 비서관'이라 했고, 기록관리전문요원(일반 행정직)은 대통령비서실 소속으로 썼습니다.

3. 이 책에서는 가능하면 '국민' 대신 '시민'이라는 말을 썼습니다. 시민은 민주 사회의 구성원으로 권력 창출의 주체로서 권리와 의무를 가지며, 자발적이고 주체적으로 공공 정책의 결정에 참여하는 사람을 뜻합니다. 반면 국민은 한 나라의 통치권 아래에 있는 사람을 뜻합니다. 다만, 공공기관명, 헌법, 법률 등에서는 원문 그대로 '국민'으로 썼습니다.

4. 공공기록물법 제41조의 '기록물관리 전문요원'을 이 책에서는 '기록관리전문요원'으로 썼습니다.

5. 부처 이름은 현재를 기준으로 했습니다(예: 행정자치부).

6. '투명사회를 위한 정보공개센터'(www.opengirok.or.kr)에서 활동하며 써 온 많은 글들이 이 책의 바탕이 되었습니다.

7. 국내 기록관리법령은 다음 사이트에서 찾아볼 수 있습니다. http://www.archives.go.kr/next/data/ordinance.do(국가기록원).

프롤로그

나는 왜
대통령기록 사태를
기록하려 하는가

필자는 기록관리 전문가가 아니다. 박사학위도 없을뿐더러, 기록관리 현장에서 실무를 맡아서 일한 적도 없다. 대통령기록 문제를 논할 자격을 말하라고 하면, 기록관리 대학원에서 석사학위를 받았고*, 한국국가기록연구원이라는 민간 연구원에서 2년 동안 일한 경험이 있다는 정도이다. 대신 국내 최초 정보공개·기록관리 활동가라고 자랑스럽게 소개한다. 지난 15년 동안 참여연대, (사)한국국가기록연구원, '투명사회를 위한 정보공개센터'(이하 정보공개센터), 알권리연구소 등을 거치면서 공공기관의 기록관리 및 정보공개 현장의 열악한 실태를 밝혀내려고 노력했고, 잘못된 관행을 고치기 위해 문제점을 지적했으며, 이를 개선할 수 있는 법을 만들고 개정하기 위해 현장을 뛰어다녔다.

이 과정에서 운 좋게도 기록관리 전문가들과 친분을 쌓았고, 그들의 열정을 느낄 수 있었으며, 제도 및 시스템의 변화 과정도 생생

---

* 2008년 2월 명지대 기록과학대학원에서 「참여정부 정보공개정책에 관한 연구」라는 논문으로 석사학위를 받았다.

히 보고 경험할 수 있었다. 활동하는 분야에서 제도 및 시스템의 개혁 성과를 지켜본다는 것은 큰 행운이다. 또한 공공기관에서 정보공개 및 기록관리 실태가 개선되는 모습을 보았고, 이런 기쁨을 기록관리 현장에서 일하던 전문가 및 기록관리전문요원*들과 함께 나눌 수 있었다. 이러한 개혁을 이룰 수 있었던 것은 현장 실태를 집요하게 폭로했던 전문가들과 탐사 전문 기자들, 그리고 활동가들의 노력 덕분이다.

그리고 빼놓을 수 없는 사람이 있었으니, 바로 노무현 대통령이다. 노무현 대통령이 기록관리 및 정보공개제도와 관련 시스템을 뿌리 깊이 개혁했다는 것을 아는 사람은 많지 않다. 대통령이라는 자리에서 관심을 기울이기 쉬운 분야가 아니지만, 그는 집요하게 개혁을 추진했다. 지금 생각해 보면 노무현 대통령이 재임하는 동안, 정보공개 활동가로 일할 수 있었다는 것은 큰 행운이었다. 현재도 전 세계 공무원 및 현장 활동가들은 한국의 기록관리 및 정보공개제도가 급격히 발전한 원인을 공부하기 위해 한국을 방문한다. 2015년 말 서울시와 유엔개발계획UNDP이 공동으로 주최하는 행사에서 세계 70개국의 공무원 및 활동가들이 참석한 가운데 필자는 한국의 정보공개제도 발전사에 대해 발표했다. 한국의 각종 정

---

* 기록관리전문요원의 자격 요건은 ① 기록관리학 석사학위 이상을 취득한 자, ② 기록관리학 학사학위를 취득하거나 역사학 또는 문헌정보학 학사학위 이상을 취득한 사람 중 기록관리학 교육과정을 이수하고 행정자치부 장관이 시행하는 기록물관리 전문요원 시험에 합격한 사람이다.

보공개 사이트와 제도에 대해 들으며 사람들이 놀라던 표정을 잊을 수 없다. 이런 발전의 배경에는 노무현 대통령이 있었다. 또 그 제도를 확대·발전시키고 있는 박원순 서울시장의 기여도 크다.

노무현 대통령을 생각하면 많은 사람들이 그렇듯 가슴이 아리다. 서거 소식을 들은 날, 밤늦게까지 시청 대한문 앞에서 많은 사람들과 망연자실 슬픔에 빠졌다. 견디기 어려운 시간이었다. 슬픔 속에서 필자는 노무현 대통령이 재임 기간 동안 이루어낸 기록관리 혁신 성과를 중심으로 『오마이뉴스』에 조사弔詞를 썼다.* 글을 본 독자들이 많은 공감 댓글을 남겨주었고, 자발적 원고료**를 보내주었다. 한 독자는 기사를 보고 전화를 걸어와 몰랐던 사실을 알려줘서 고맙다는 인사를 했다.

노무현 대통령, 역사의 기록을 시작하다

노무현 대통령이 국가기록관리체계를 세우고 법을 정비하고 수많은 예산을 지원했다는 사실은 많이 알려지지 않았다. 기록이 없으면 역사도 없다고 하는데, 노무현 대통령은 우리 현대사에서 역

---

* 전진한, 「800여만 건의 기록, 그의 정신은 살아 있다」, 『오마이뉴스』 2009. 5. 25.

** 『오마이뉴스』에 있는 기사들 중 마음에 들거나 감동을 받은 기사가 있으면 독자들이 원고료를 줄 수 있다.

사의 기록을 제대로 시작한 대통령이라는 점에서 중요한 인물이다.

노무현 대통령에 대해서는 많은 논란이 있다. 참여정부 기간 동안 이라크 파병, 한미 FTA, 10·4 남북정상회담 등을 추진할 때마다 보수와 진보 양쪽으로부터 엄청난 공격을 당했고, 퇴임 후에도 수많은 사건으로 힘든 시간을 보내야 했다. 필자도 참여연대에서 일하던 기간 중 노무현 대통령을 비판하는 수많은 집회에 참가했고 성명서 작성에 참여한 적도 있다. 그만큼 진보·보수 어느 진영에서도 큰 지지를 받지 못한 것도 사실이다. 물론 서거 이후 평가는 달라지고 있어 다행스럽게 생각한다.

하지만 기록관리 및 정보공개 분야는 다르다. 특히 기록관리 개혁의 최고의 공이 노무현 대통령에게 있다는 점은 부인할 수 없는 사실이다.

기록관리제도의 초석을 놓았던 사람은 김대중 대통령이었다. 1998년 '국민의 정부' 대통령직 인수위원회의 100대 정책과제에 기록관리 법령 체계를 구축하는 것이 포함되어 있었고, 결국 1999년 1월 29일에 '공공기관의 기록물 관리에 관한 법률'(이하 공공기록물 법)*이 공포되었다. 법이 통과된 것은 매우 환영할 만한 일이었으나, 문제는 법이 아니었다.

법은 존재했으나 누구도 법을 지키려고 하지 않았다. 공공기관에서는 공공기록물법을 지키려는 의지도, 능력도, 인프라도 없었

---

* 법률 제5709호. 2007년 4월 5일 '공공기록물 관리에 관한 법률'로 개정(법률 제8025호).

다. 그러다 보니 공공기록물법은 사문화死文化된 법으로만 존재했다. 필자가 참여연대 정보공개사업단에서 정보공개운동을 시작하던 2002년에는 기록관리가 제대로 되지 않아 정보공개청구에 '정보 부존재'라는 답변을 끊임없이 받았다. 기록이 왜 없냐고 물으면, 담당자들 대부분이 전임자의 일이라 모른다고 답변했다. 정보공개청구에 대한 비공개 답변 중 과반수가 '정보 부존재'였다. 법으로는 반드시 있어야 하는 정보인데, 정보가 없어져도 책임지는 곳이 없었다. 이런 답변에 지쳐, 시민운동을 그만둘지 진지하게 고민할 정도였다.

결국, 참여연대 정보공개사업단은 정보공개운동을 잠시 중단하고 기록관리운동으로 전환하기로 결정한다. 본격적으로 기록관리 전문가들을 만나기 시작했다. 그들이 전하는 공공기관의 실태를 듣다 보면, 나라가 망하지 않은 것이 신기할 정도였다. 공공기관의 실태는 마치 전셋집에 살면서 계약서 없이 사는 꼴이었다. 언제 제3자가 나타나서 집을 비워 달라고 할지 모르는 위태로운 상황이었다. 공공기관에서 기록이 왜 없어지는지, 정보공개청구를 이용해 대대적으로 조사하기 시작했다. 2003년 여름, 기록전문가들과 서류 더미에 묻혀 눈이 빠지도록 문건을 살펴보았고, 그 결과 수없이 많은 '기록관리 부실 실태'를 언론에 폭로할 수 있었다.

기록이 없는 나라

그리고 결정적인 계기가 있었으니 바로 참여연대와 『세계일보』
가 공동기획한 '기록이 없는 나라' 시리즈였다.* 이 시리즈가 보도
될 때쯤, 탄핵을 당해 직무정지 상태로 묶여 있던 노무현 대통령이
업무에 복귀하였다. 노무현 대통령은 이때 정국 구상을 하다가『세
계일보』시리즈를 보았고, 매우 큰 관심을 기울였다. 증언에 따르면
노무현 대통령의 측근이 "참여정부가 언론에게 가혹한 평가를 받
아 국정 운영이 힘든데, 이를 극복하기 위해 객관적인 '기록'을 통해
서 역사의 평가를 받으라"는 충언을 했다고 한다.

이 말이 사실인지는 알 수 없으나 참여정부는 탄핵 복귀 이후 기
록관리 실태를 개선하기 위해 모든 노력을 쏟아부었다. 참여정부는
많은 기록관리 정책을 만들었고 개혁을 이루어내었다. 공공기록물
법을 개정·강화했고, 기록관리전문요원들을 일괄적으로 선발해 각
기관에 배치했으며, 각종 기록관리시스템을 도입해 체계적인 기록
관리를 하도록 했다. 대통령기록물법(대통령기록물 관리에 관한 법률)
을 도입해, 그때까지 단 한 번도 체계적으로 관리되지 않았던 대통
령기록을 강제적으로 생산하고 관리하도록 했다.

---

* 참여연대와 『세계일보』는 공동기획으로 2004년 5월 31일부터 10회 동안 공공기관의 기록관
  리 실태를 폭로하는 시리즈를 진행했다. 이 탐사보도 시리즈는 참여정부의 기록관리 실태를
  개선하는 데 큰 원동력이 된다.

그 중에서도 압권은 참여정부 대통령비서실에서 도입했던 업무관리시스템 'e지원'*이다. 말단 직원에서부터 대통령까지 업무를 위해 컴퓨터에 로그인하는 순간 e지원 시스템에 접속이 되고, 작성하는 모든 문서가 자동으로 보존·관리되는 시스템이다.

e지원 시스템 아이디어는 노무현 대통령에게서 나왔다. 노무현 대통령 자신이 기록관리 전문가였고, 기록을 열렬히 사랑하는 사관이었으며, 후세에 기록문화를 남겨주기 위한 사명으로 똘똘 뭉친 역사가였다. e지원 시스템은 특허를 받았고, 특허 개발자 명단에 노무현 대통령도 포함되었다.** 이런 노무현 대통령의 업적은 후임 대통령들이 배우고 계승해야 할 중요한 자산이다.

그러나 불행히도 우리의 정치 수준은 이런 자산을 계승할 정도로 높지 않았다. 15년이 지나야 세상의 빛을 볼 줄 알았던 대통령지정기록물은 정치 문제가 발생할 때마다 논란의 중심에 섰고, 정치권의 이해관계에 활용되었다. 더욱 참을 수 없는 것은 이명박 정권이 들어선 후 노무현 대통령이 남겨둔 기록이 고스란히 참여정부의 허물을 드러내는 수단으로 쓰였다는 점이다. 대통령기록을 유산으로 계승하는 것이 아니라 허물을 찾는 데 쓴 셈이다. 노무현 대통령이 남긴 기록은 마치 범죄인이 남겨 놓은 범죄 증거처럼 취급당했다.

---

* 'e지원'은 청와대 정원인 '녹지원'에서 따온 이름으로, '청와대 디지털 지식정원'(e知園)이라는 뜻과 '사용하기 쉽고 편리하게 하나로 통합된 업무관리시스템'(easy one)이라는 뜻을 담았다.
** 차상근, 「노 대통령, 靑 업무관련시스템 특허 등록」, 『파이낸셜뉴스』 2006. 2. 14.

허물로 변한 대통령기록

이명박 대통령은 참여정부의 성과를 허물로 만들어내는 재주가 있었고, 관련 흔적들을 지우기 시작했다. 심지어 이명박 정부는 참여정부의 모든 것을 부정하다가, 위기관리 매뉴얼까지 부정하는 일을 벌였다. 참여정부는 33개 국가위기별 '위기관리 표준매뉴얼'을 만들고, 부처별 대처 방안을 정리한 270여 개의 '위기대응 실무매뉴얼'과 관계 기관들을 위한 2300여 개의 '현장조치 행동매뉴얼'을 만들었다. 큰 재난 사태가 발생할 때 부처 간 혼란을 줄이고, 현장에서 부처별로 진행할 일들을 담은 매뉴얼이었다. 여기에는 '대규모 인명피해 선박 사고 대응 매뉴얼'까지 포함되어 있었다.

이명박 대통령은 정권을 잡자마자 국가안전보장회의NSC 산하 국가위기관리센터 사무처를 폐지했고, 그 결과 청와대의 재난 관리 컨트롤타워 기능이 사라졌다. 전통적 군사안보를 제외한 나머지 재난 매뉴얼이 현재의 행정자치부를 비롯한 각 부처로 보내져 유명무실해져 버렸다.* 이런 이유 때문인지 세월호 참사가 발생하자, 김장수 청와대 국가안보실장이 "국가안보실은 '재난' 컨트롤타워가 아니다"라고 주장하는 일까지 벌어졌다. 하지만 해양수산부의 위기관리 실무매뉴얼을 분석한 결과, 선박사고에서 실질적인 컨트롤타워

---

* 송호진, 「캐비닛에 처박힌 매뉴얼이 2800여 권」, 『한겨레21』 2014. 4. 30.

는 국가안보실인 것으로 드러났다.* 세월호 구조의 책임을 맡고 있던 부처들이 우왕좌왕하던 사이 세월호는 어린 생명들과 함께 서서히 바다 밑으로 가라앉고 말았다. 기가 막힐 노릇이다.

노무현 대통령에 대한 모욕은 계속되었다. 정치권에서는 노무현 대통령이 기록을 남겨 '상왕 노릇'을 한다는 비판을 했다.** 기록을 남기는 것이 상왕 노릇을 하기 위한 목적이라면, 조선시대 사관들은 왕에게 미움을 받으면서까지 왜 그렇게 목숨을 걸고 기록을 남겼는지 이해할 수 없는 일이다. 우리 현대사에 체계적인 기록이 없어 그 많은 혼란을 겪었음에도 이런 말도 안 되는 비판을 하는 것을 보고 많은 기록전문가들은 경악했다.

노무현 대통령의 기록은 박근혜 정부가 출범하고도 여전히 정치권 논쟁의 한가운데에 있다. 생전에도 기록은 노무현 대통령을 괴롭히는 도구로 쓰이더니, 서거 이후에도 부관참시의 도구로 사용되었다. 10·4 남북정상회담 대화록이 정보기관(국가정보원)에 의해 공개되는 세계적으로 유례없는 일이 벌어졌고, 대통령기록관에 보존되어 있으리라 판단했던 남북정상회담 대화록이 실종되는 일까지 발생했다. 여당 정치인들은 노무현 대통령기록을 왜곡하고 악용하는 데 혈안이 되어 있는 것 같았다. 이 과정에서 참여정부 핵심관계

---

* 정보공개센터, 「컨트롤타워가 없다? 해양수산부 위기관리 매뉴얼엔 국가안보실이 실질적 컨트롤타워로 명시!」, 2014. 4. 24. http://www.opengirok.or.kr/3828.
** 정강현·권호, 「한나라 "사이버 상왕 하려 했나" 민주 친노 "노무현 홈집 내기 그만"」, 『중앙일보』 2008. 7. 11.

프롤로그 나는 왜 대통령기록 사태를 기록하려 하는가 27

자들은 검찰에 기소당했고, 2016년 현재까지도 재판을 받고 있다. 도대체 기록을 체계적으로 생산·관리했다는 이유로 이런 고초를 당하는 나라가 있는지 궁금하다.

이 모든 과정을 지켜보면서 마음 깊은 곳에서 분노가 치밀어 오르는 것을 느꼈다. 사건이 터질 때마다 관련 전문가들과 상의해 글을 발표하거나 기자회견을 했고, 수없이 많은 언론을 상대했다. 기자들에게 답답한 심정을 설명하다가, 분통이 터져 눈물을 흘린 적도 있다. 부아가 치밀어 오르는 이유는 딱 하나였다. 노무현 대통령이 이룬 기록관리 개혁 과정을 생생히 지켜보았고, 그가 어떤 마음으로 기록을 남겼는지 내가 알기 때문이다. 한 번도 노무현 대통령을 직접 만나본 적이 없지만, 기록에 대한 그의 정신은 잘 알고 있기 때문이다.

하지만 모든 면을 악의적으로 바라보는 사람들은 온갖 억측으로 자신들의 정치적 목적을 위해 대통령기록을 이용했다. 이제는 참여정부의 기록개혁 본질은 사라졌고, 정치적 논란만 남아 있다. 대통령기록을 남기면 어떻게 부관참시 당하는지, 정치인뿐만 아니라 모든 사람들이 생생하게 목격했다.

지난 10년 동안 이 사태를 바라보면서 나는 노무현 대통령의 의도를 수없이 왜곡한 사례와 사건들의 실체적 진실에 대해 기록하겠다고 마음먹었다. 활동가로서 기록관리운동을 하다가 기록을 하는 사관이 되어 버린 셈이다.

대통령기록이 정치적으로 악용되는 동안, 전직 대통령들은 세상을 떠나고 있다. 얼마 전 김영삼 전 대통령이 서거했다. 서거 이후, 그에 대한 평가를 다시 하자는 여론이 일어났다. 하지만 김영삼 대통령이 재임 기간에 남긴 기록은 초라하기 짝이 없다. 재임 당시 체계적인 기록을 생산하지 않았을 뿐만 아니라, 그나마 있는 기록들도 퇴임 후 소각하거나 외부로 가져갔기 때문이다. 도대체 무엇으로 김영삼 대통령을 평가할지 모르겠다. 전두환·노태우 전 대통령도 별반 다르지 않다. 결론적으로 전직 대통령에 대한 역사는 없는 것이나 마찬가지다.

노무현 대통령이 재임 기간에 남긴 기록은 755만여 건이다. 재가(결재) 기록이나 사진이 아니라, 대부분 정책결정 과정에 관한 기록이다. 그 기록으로 다음 세대에 엄청난 선물을 한 셈이지만 노무현 대통령과 가족들, 그리고 관련 참모들은 아직도 엄청난 고통을 당하고 있다. 이 기가 막힌 역설에 대해서 이 책은 하나하나 풀어보려고 한다.

또 이명박 대통령의 이중적 행태에 대해서 생생히 증언할 것이다. 그는 기록을 빌미로 수없이 노무현 대통령을 탄압하더니, 자신이 퇴임할 때 기록이관 과정에서 온갖 의혹을 불러일으켰다. 퇴임 뒤에도 전직 대통령으로서 밝혀서는 안 되는 많은 비밀들을 태연히 책으로 출간하기도 했다. 노무현 대통령과 이명박 대통령은 여러모로 비교해야 할 지점들이 많다.

필자는 지난 15년 동안 우리나라 기록관리 실태를 개선하기 위해 활동했고 많은 현장을 지켜보았다. 지극히 상식적인 입장에서 사안들을 분석할 것이며, 수많은 왜곡들에 대해 알기 쉽게 증언할 것이다. 이 책의 상당 부분은 필자가 이미 언론에 발표한 글들을 수정·보완해 재구성한 것임을 밝혀 둔다. 당시 상황을 가장 정확히 전달해 줄 수 있는 글들이기 때문이다.

이 책을 쓰는 목적은 단 한 가지다. 차기 대통령들은 재임 중에 발생한 많은 일들을 온전히 기록해 다음 세대에 물려주기를, 그리고 후임 대통령들은 그 기록을 왜곡하지 않고 기록의 정신을 계승해 국가 운영에 쓰기를 바라는 마음에서 이 책을 썼다.

끝으로, 열악한 각 분야 기록관리 현장에서 묵묵히 연구와 일을 병행하고 있는 기록관리 공동체 선생님들에게 이 글을 바친다. 그들의 노력으로 이 나라는 기록이라는 소중한 자산을 쌓아 가고 있다.

1장

참담한
대통령기록 문화

우리에게는 아무것도 없었다

전두환·노태우 정권 시절 황태자로 불렸던 박철언은 마흔두 차례나 남북 비밀회담 대표를 맡았었다고 자서전에서 밝혔다.* 냉전의 끝을 달리고 있던 시절, 남북이 비밀회담을 자주 개최했다는 것도 재밌지만, 그 과정을 담은 기록을 거의 모두 소유하고 있다는 점도 놀랍다. 비밀회담 과정은 박철언 자서전『바른 역사를 위한 증언』에 상세히 서술되어 있다.

이 책에서 김일성과 나눈 대화 내용은 매우 흥미롭다. 책에는 김일성이 "하루 빨리 군대를 축소하고 군사비로 인민 생활에 또는 자기 나라의 경제 토대를 건설한다면 굉장한 일을 했을 겁니다. 미국 군대와 같이 대규모 연습을 하는 것은, 심지어 일본까지도 관여하는 것은 민족 간에 불필요하지 않겠습니까. (⋯) 일본 사람이 조선을 지배할 때 아마 3개 사단밖에 주둔하지 않았습니다. 쌍방이 통일된 중립 국가를 선포하면 20만 명으로도 충분하다고 생각합니다"**

---

* 고광본, 「'42차례 남북 비밀회담 대표' 박철언 전 장관 특별 인터뷰」, 『서울경제』 2015. 1. 04.
** 박철언, 『바른 역사를 위한 증언』, 랜덤하우스, 2005, 194~195쪽.

하고 발언하는 장면이 나온다. 지금 시점에서도 역사적으로 참고해야 할 내용이 한둘이 아니다.

뿐만 아니라 이 책에는 남북 특사 등 전두환·노태우 정권 시절 예민한 정치적 현안들이 꼼꼼히 기록되어 있는데, 사료적 가치가 매우 높은 것으로 평가 받고 있다.

그러면 이러한 내용을 담은 1차 사료들이 현재 대통령기록관에 보존되어 있을까? 아쉽게도 국가기록원을 비롯해 공공기관에는 보존되어 있지 않은 것으로 파악된다. 이렇듯 현대사의 중요한 장면들을 기록한 1차 사료들이 공공기관에 보존되어 있지 않기 때문에, 당사자들의 증언이나 관련 메모 등에 의지하거나 자서전을 기다릴 수밖에 없다.

참여연대와 『세계일보』의 공동기획이었던 '기록이 없는 나라' 시리즈에서는 최규하 대통령의 취임사(1979년), 노태우 대통령의 '6·29 선언문'(1987년), 고르바초프 샌프란시스코 정상회담 관련 기록(1990년), 김영삼 대통령의 '쌀 개방 대국민 사과문'(1993년) 등 현대사의 중요한 순간을 담은 대통령기록이 남아 있지 않다는 것을 밝혀내기도 했다.*

2016년 1월, 더불어민주당 총선 비상대책위원장을 맡은 김종인이 과거 국가보위비상대책위원회(국보위)에 참여한 사실을 광주에

---

* 세계일보 특별기획취재팀, 「국가기록이 사라졌다」, 『세계일보』 2004. 5. 31. 필자는 참여연대 정보공개사업단 간사로 이 시리즈 제작에 참여했다.

서 사과한 적이 있다. 정상적인 국가라면 김종인이 국보위에서 어떤 발언과 역할을 했는지, 당연히 국가기록으로 확인할 수 있어야 한다. 그러나 1980년 당시 국정의 중요 결정기관이었던 국보위의 기록은 제5공화국 출범과 더불어 모두 소각되었다. 김종인에 대한 평가는 유보하더라도, 당시 기록이 존재했더라면 우리 역사에 많은 것들을 증거했을 것이다. 불과 40년도 되지 않은 기록을 찾을 수 없다는 것은 정상적인 상황이 아니다. 당시 국보위 기록을 소각한 것은 기록을 남기지 말아야 한다는 국가 지배층 의식의 결과라고 할 수 있다.*

1945년 해방 이후 우리나라는 여러 명의 대통령을 선출했으나 그들이 생산한 기록은 초라하기 짝이 없다. 남긴 기록도 대부분 사진과 대통령 재가(결재) 문서가 대부분이다. 사실상 정책결정 과정을 담은 속기록 등 내밀한 기록들은 없는 것이 현실이다. 이는 대통령기록뿐만 아니라 정부기록도 마찬가지다. 특히 공공기록물법이 존재하기 전 기록의 보존 및 관리 실태는 한마디로 창고보다 못한 실정이었다. 『세계일보』 시리즈를 위해 민간인 최초로 정부 문서고에 방문했을 때의 충격을 잊을 수 없다. 당시 『세계일보』에 기고했던 내용을 옮겨 본다.**

---

* 『참여정부의 기록관리 혁신』, 정부혁신지방분권위원회, 2005.
** 전진한, 「폐지공장 방불… 소중한 자료 썩어가」, 『세계일보』 2004. 6. 1.

'충격과 공포'.

미국이 이라크 전쟁을 일으키면서 내세웠던 작전명이다. 하지만 나는 『세계일보』 취재팀과 함께 우리나라 행정기관의 기록물관리 실태를 직접 확인하며 충격과 공포를 느꼈다.

가장 먼저 서울 광화문 정부중앙청사의 교육인적자원부를 방문했다. 우리가 문서고를 찾아가자 담당자들은 곤혹스러운 표정이었다.

"문서고가 몇 평인가요?"

"아, 그게…… 아주 열악해요. 열 평쯤 됩니다."

필자의 귀를 의심할 수밖에 없었다. 1년에 20조 원이 넘는 예산을 쓰는 교육부의 문서고가 단 열 평이라니……. 더구나 문서고는 일반 서적이 전시된 자료실(일종의 도서관) 한 귀퉁이에 위치했다. 기록물이 어떤 취급을 받는지 상징적으로 보여주는 듯했다.

보관 상태도 매우 열악했다. 보존기간별로 묶은 것도 아니고 온갖 기록물들이 별다른 분류기준 없이 방치돼 있었다. 문서고에서는 필요한 기록물을 언제라도 즉시 찾을 수 있어야 하는데, 그런 기능은 애초에 기대하기 어려웠다.

다음으로 찾아간 곳은 기록물관리와 정보공개를 총괄하는 행정자치부. 지하 1층에 있는 문서고에 들어섰다. 주위에는 각종 창고와 기계실이 몰려 있어 불쾌한 냄새가 코를 자극했다. 이런 불결한 환경에 문서고가 있다는 게 충격이었다.

문서고를 보고는 아연실색했다. 창문과 환풍기 하나 없는 공간, 만지면 으스러질 것같이 파손된 기록물들, 곳곳에 핀 곰팡이, 축축한 느낌, 어지럽게 널브러진 각종 자재들. 분노와 함께 서글픔이 밀려왔다.

흥분을 가라앉히고 기록물들을 살펴봤다. '보존기간 영구 및 준영구'라고 버젓이 찍힌 기록물의 표지는 걸레가 된 채 찢겨져 있었다.

책 내용물은 곰팡이가 덕지덕지 붙은 채 나뒹굴고 있었다. 영구 및 준영구 기록은 기관 내에서 9년 보관하고 국가기록원에 넘겨야 한다. 하지만 30년이 지나고도 여전히 기관에 방치된 기록들이 수없이 많았다. 우리나라 정부 행정이 기록된 소중한 자료들은 폐지공장에서나 볼 수 있는 상태로 썩어가고 있었다. (…)

공공기관의 기록이 이런 무방비 상태로 관리되는 것은 이유가 있었다. 우선 기록관리를 법으로 명시하고 이 기록을 은닉하거나 무단 파기할 경우 처벌할 수 있는 규정을 시행한 시기가 국민의 정부였던 2000년부터이다. 그전까지는 대통령령, 대통령훈령, 총리령으로 관리되었고, 이에 관한 강행규정조차 존재하지 않았다. 쉽게 말해 누군가 자신이 공무원으로 재직하는 동안 입수한 기록을 사적으로 사용하더라도 처벌할 규정이 명확하지 않았다는 뜻이다. 법적 규제가 없는 비非법 상태가 오래 지속되다 보니, 심지어 대통령들도 임기를 마치면 기록을 자신의 집으로 들고 가거나 소각 및 파기하는 경우가 비일비재했다. 이는 대통령과 공무원들에게 넓게 퍼져 있는 관행이었다. 상황이 이렇다 보니, 문서고를 창고처럼 내버려 두는 것은 당연했다.

그나마 있던 규정도 엉망이었다. 1963년 12월 「공문서 보관·보존 규정」을 보면 공공기관의 기록 분류 방법으로 도서 분류 방식인

'기능별 십진분류법'이 채택되었다.* 코미디 같은 일이다.

기록과 도서의 차이

기록과 도서는 의학과 한의학처럼 비슷해 보이지만 그 접근방식이 완전히 다른 분야이다. 기록과 도서의 차이는 너무나 크다. 우선 가장 큰 차이는 도서는 그 자체가 완성본이지만 기록은 출처별, 형태별, 시기별로 조합해야 완성본이 된다. 도서는 한 권으로 대부분의 정보를 알 수 있지만, 기록은 회의록, 지출증빙서, 출장 보고, 사업추진 계획 등 분야별 기록을 통합적으로 파악해야 당시 상황을 분석할 수 있다.

도서는 복본(도서관 및 개인적으로 여러 곳에 존재한다는 의미)이고, 저작권의 보호를 받는다. 이로 인해 정보공개청구의 대상이 될 수 없으며, 유료로 구매하거나 도서관을 방문해서 봐야 한다. 기록은 원칙적으로 유일본(오직 생산 및 보존 기관에만 존재한다는 의미)이고, 정보공개청구의 대상이며 공개받은 자료는 자유롭게 이용할 수 있다. 일부 공공기관에서는 기록에도 저작권이 있다거나 다른 곳에 이용하려면 허락을 받아야 한다고 주장하지만, 이는 정보공개청구의 취지를 정확히 이해하지 못해 발생하는 일이다. 정보공개청구로 받은

---

* 곽건홍, 『한국 국가기록관리의 이론과 실제』, 역사비평사, 2003, 23쪽.

기록은 언론 보도, 책 집필, 논문 등에 자유롭게 사용할 수 있다. 박근혜 정부가 중점사업으로 펼치고 있는 '정부 3.0' 캠페인에서는 이런 기록들을 영리 사업에도 이용하라고 권하고 있다.

기록과 도서가 구별되는 가장 큰 특징은 도서는 한 권 안에 모든 정보(메타데이터*)가 포함되어 있다는 점이다. 즉 도서는 출판 연도, 저자, 책의 종류, 출판 목적 등을 한 권 안에서 모두 파악할 수 있지만, 기록은 분절적이며 파편적이다. 예를 들어 회의록 하나만 있다고 하면 그 자체로는 기록의 의미를 파악하기 힘들다. 그 회의록을 누가, 어떤 목적으로, 어디서 생산했는지 구조적으로 살펴야 하고, 다른 기록들과 함께 검토해야 그 의미를 파악할 수 있다.

이런 차이로 인해 기록과 도서는 분류 방식을 달리해야 한다. 기록은 대부분 기능 및 출처별 분류를 원칙으로 삼는다. 기록 분류에 도서관식 분류체계를 적용하면, 해당 문서가 어떤 업무에 속하는지 찾기 어렵고, 해당 업무 분야가 도서관식 분류체계에는 존재하지 않아 분류가 곤란한 경우도 많다.** 지금 생각해 보면 이런 방식으로 어떻게 분류를 했는지 이해할 수가 없다. 이런 상황이 지속되다 보니, 대통령기록관리 실태는 참담함 그 자체였다.

---

* 정보를 통제하고 구조적으로 접근하기 위해서 정리한 2차적 정보를 말한다. 즉, 정보의 특성을 설명하는 것을 말한다.
** 곽건홍, 같은 책, 24쪽.

대통령기록 통계 (2014년 6월 30일 기준)[*]

대통령	대통령별 합계
이승만	82,346 건
허정	287 건
윤보선	1,925 건
박정희	52,729 건
최규하	29,954건
전두환	97,448 건
노태우	40,436 건
김영삼	103,294 건
김대중	757,248 건
노무현	7,557,118 건
이명박	10,879,864 건
박근혜	83,543 건 (재임 중)

대통령기록 통계에서도 알 수 있듯이 김대중 대통령 이전까지는

---

[*] 대통령기록관 소장 기록물 통계.

대통령기록이라고 부르기도 민망한 기록 수량을 정부에서 보유하고 있었다. 표에서 보듯이 18년 동안 집권했던 박정희 대통령의 경우 52,729건의 기록만 대통령기록관에 보존되어 있는 것을 알 수 있다. 20년 가까이 집권하는 동안의 수많은 기록들은 어디에 있는 것일까? 실상은 한 경매 사이트를 통해 드러났다. 2015년 5월 20일, 인터넷 경매 사이트 '코베이'에 '박정희 대통령이 손수 결재한 사인과 결재 의견이 수록된 국제정치특별보좌관실(1975년 각하 보고서철) 기록'이 경매에 올라와 160만 원에 팔린 일이 벌어졌다. 이 보고서에는 1975년 6월 9일 미국 언론인 로버트 노백과의 면담 보고 내용이 담겨 있는 것으로 알려졌다. 2013년에는 박정희 대통령 제9대 대통령 취임사 원고가 520만 원에 팔린 적도 있다.[*]

이런 일이 가능한 것은 대통령기록을 관리하던 사람들이 대부분의 기록을 외부로 유출해 사적 이익을 취하고 있기 때문이다. 이런 행위는 사실 불법이다. 대통령기록물법에는 대통령기록물을 무단으로 은닉 또는 유출한 자에 대해서는 7년 이하의 징역에 처하도록 되어 있다. 하지만 위 기록들은 법 제정 이전의 상황이라 위법을 적용할 수가 없다는 것이 전문가들의 의견이다. 우연히 전달된 제보 덕분에 대통령기록 매매 행위에 대한 보도를 할 수 있었을 뿐이다.

상황이 이렇다 보니 국가기록이 공공기관에 온전히 보존되는 것은 사실상 불가능에 가까웠다. 정보공개운동을 하면서 많은 대통령

---

[*] 손덕호, 「경매 나온 박정희 대통령 친필 서명 보고서… 불법 유출 논란」, 『조선일보』 2015. 5. 22.

기록에 대해 정보공개를 청구해 보았으나, 가장 많이 듣는 대답은 '정보 부존재'였다. 기록이 제대로 보존되어 있지 않으니 당연한 일이다. '기록'이 없으니 정보공개운동 자체가 성립될 수 없는 조건이었다.

몇 년 전 명지대학교 기록정보과학전문대학원에서 '피아노 치는 대통령'이라는 전시회를 기획한 적이 있다. 이 과정에서 전직 대통령들의 일상 생활을 담은 사진 90여 장을 국가기록원에 정보공개 청구해서 받았다. 전시회가 끝난 뒤 이 사진들을 정보공개센터 블로그에 공개했는데, 사진을 보내 달라는 언론사의 전화가 빗발쳤다. 사진들은 신문, 방송뿐만 아니라 거의 모든 매체에 소개되어 화제가 되었다. 심지어 부산에 살고 있다는 한 시민은 사진들이 꼭 필요하니 돈을 주고라도 사겠다고 연락을 해 왔다. 우리는 정보공개 청구를 이용하면 소액의 수수료만 내고 구할 수 있다고 알려드렸다. 시민들이 얼마나 대통령기록에 갈증을 느꼈는지 알 수 있는 대목이다.

사실 우리나라 학자나 기자들은 매우 열악한 환경에서 연구를 하고 취재를 하고 있다. 공공기관의 기록이 부실하다 보니, 언론도 심층적인 탐사보도를 하지 못한 채 자극적인 보도를 주로 하고 있는 것인지도 모른다. 현대사를 기록한 공공기록이 이렇게 부실한 국가는 전 세계에서 유례를 찾기 어려울 것이다.

기록으로 사건을 규명하지 못하는 나라

이렇게 기록이 부족하니, 온갖 문제가 터질 때마다 기록으로 사건을 규명하는 것이 아니라 청문회 등을 개최해 당사자들의 발언에 기댈 수밖에 없다. 예를 들어 5·18 민주화운동의 발포명령 책임자는 기록으로 남아 있지 않다. 1980년 5월 21일 오후 1시, 광주 전남도청 앞에서 광주 시민들을 향한 계엄군의 발포가 있었다. 갑작스러운 발포로 이날만 시민 54명이 현장에서 숨지고 500여 명이 다쳤다. 이후 5월 27일 새벽 계엄군이 도청을 유혈진압하고 광주 전역을 장악할 때까지 민간인 165명(정부 집계)이 사망하고 1600여 명이 부상을 당했다. 최근에는 전두환 전 대통령이 1980년 광주에서의 발포명령이 자신과 관련이 없다는 말을 했는데, 이를 반박할 기록이 존재하지 않는다.* 역사의 아이러니다. 불과 40년도 되지 않은 이 엄청난 비극의 책임자를 현재까지 찾을 수 없는 것이 현실이다.

이런 상황은 일부 부처에 한정된 사례가 아니고, 전 공공기관에 걸쳐 있는 문제였다. 참여연대 정보공개사업단에서 일하던 2003년 여름, 중앙행정기관 다섯 곳(행정자치부, 재정경제부, 외교통상부, 건설교통부, 교육인적자원부)과 지방자치단체 한 곳(서울시)을 대상으로 기록물 폐기 실태를 조사한 결과는 충격적이었다. 재정경제부의 '한보사태 관련 기록', 행정자치부의 '삼풍백화점사고 관계 철' 등 국민적

---

* 이동현, 「전두환 측 "5·18 발포명령 않았다" 보도에 말돌리기」, 『한국일보』 2016. 5. 17.

관심이 집중되어 후대를 위해 보관해야 할 기록물들이 무단으로 폐기된 것을 밝혀냈다.

폐기 절차도 제대로 지키지 않았다. 재정경제부의 경우 참여연대의 정보공개청구에 대한 회신에서 2000년부터 2003년까지 수천 건의 기록물을 폐기했지만 "기록물폐기심의회를 개최한 적이 없다"고 답변했다. 당시 법 시행 3년이 지났지만, 기록물폐기심의회를 열지 않고 기록을 폐기하는 것이 불법이라는 인식조차도 없었다. 당시 참여연대는 재정경제부 장관을 기록물무단파기 혐의로 고발할 수밖에 없었다. 공공기록물법 주무부처였던 행정자치부 관계자는 "보존기한 설정과 폐기목록 작성은 행자부 각 실·과에서 결정한 뒤 심의해 와 기록물관리가 제대로 이뤄지지 않은 게 사실이지만, 공공기록물법에 규정된 것처럼 전문요원을 두려면 예산이 수억 원이 드는데 그걸 어떻게 감당하느냐"는 말을 남겼다. 공공기관의 기록관리 인식 수준을 보여주는 답변이라고 하겠다.

김대중 정부의 공공기록물법 탄생 배경

앞에서 보듯 2000년 전까지는 기록을 외부로 반출하거나 무단파기하는 일이 다반사로 일어났다. 법도, 사회적 인식도 없던 시절이었다. 공무원이 만든 기록의 주인은 국가가 아니라 공무원 자신이라고 생각하는 잘못된 관행이 지배적이었다. 상황이 이렇다 보니,

국가 운영이 제대로 이루어질 리 없었다. 국가의 핏줄이 되는 기록을 더 이상 방치할 수 없다는 목소리가 커져 갔다.

먼저 정부기관에서 나섰다. 1997년 1월 정부기록보존소(현 국가기록원)는 공공기록물법 제정준비팀을 만들어 공공기록물법 제정을 건의한다. 당시 만든 문건은 우리나라의 기록관리 실태를 생생하게 보여준다.

우리나라의 기록보존 낙후 요인[*]

○ 국가기록물을 관리할 기본적인 기구·부서를 미설치

구 분	외국의 경우	한국의 경우
각급 기관	자료센터(미국), 당안실(중국), 자료관(일본) 등 전문부서 설치 ─ 자료 관리 개념	총무과 문서 담당자가 문서 관리의 일부로 취급 ─ 문서창고 관리 개념
지역보존기관	중앙보존기관의 하부조직과 지방정부보존소가 다수 설치	하부조직이나 지방보존기관이 거의 전무
중앙보존기관	대다수 국가가 차관급 수준의 방대한 기구로 구성	총인원 124명의 국장급 수준으로 과소

---

[*] 『기록보존법제정 기본방향보고』, 정부기록보존소, 1997. 12.

○ 기록보존 전문인력 제도의 미비

- 외국의 경우 아키비스트archivist가 전문 직종으로 자리 잡고 대학 등에 관련 학과가 설치되어 있는 등 전문화되어 있으나

- 우리나라의 경우 행정직·기능직 등으로 순환보직하고, 문서관리직은 인기도 없어 단기 근무 후 전보되는 실정임.

○ 기록을 중요시하는 기록문화 자체도 미형성

- 일제 침략, 6·25 등을 거치면서 기록으로 인한 이득보다 피해를 보는 경우가 많았던 역사적 배경과

- 대다수 기록이 멸실되어 역사 또는 학문 연구에 기록보존이 효용성을 발휘할 기회가 없었음.

○ 정보관리 개념이 결여된 보존 위주의 기록물관리

- 정부기록보존소 또는 문서과 등 기록보존 부서에 이관 후 필요시 신속한 열람 활용이 어려워 중요 문서일수록 이관 기피 초래.

이 문건 중 눈에 띄는 것은, 기록관리기관을 '문서창고'로 인식하고 있다는 점과 "일제 침략, 6·25 등을 거치면서 기록으로 인한 이득보다 피해를 보는 경우가 많았던 역사적 배경"이라는 말이다. 우리 사회의 처참한 현실을 상징적으로 보여주고 있는 말이다.

당시 정책결정의 권한도 없었던 정부기록보존소가 이런 기획을 했다는 것은 놀라운 일이다. 정부기록보존소에서는 기관장과 소장파 연구직 직원들의 헌신적인 노력 덕분에 공공기록물법을 입안할 수 있었다. 김선영 전 정부기록보존소장은 1995년부터 2000년까지

재임하면서, 공공기록물법 입안부터 국회 통과까지를 주도한 인물이다. 이런 노력 덕분인지 1998년 김대중 대통령직 인수위원회에서 100대 정책과제로 선정해, 우리나라 기록물관리제도를 법제화하는 첫 단추를 끼우는 데 성공했다.*

당시 시민단체도 나섰는데, 참여연대는 1998년 4월 대통령기록보존법 제정을 우리나라 최초로 국회에 입법청원했다.

1. 입법 취지

가. 대통령의 직무와 관련하여 작성되거나 보고되는 각종 문헌들은 그 시기의 국가운영의 최고 의사결정 자료로서 그 이후의 다른 후임자들과 관료들의 정책참고자료가 될 뿐만 아니라 후세에게 남겨 역사적 진실과 교훈을 얻는 중요한 문화유산이 됨.

나. 그럼에도 종래 대통령기록은 마치 사적 소유의 대상인 것처럼 간주되어 대통령 자신이 퇴임시에 임의로 반출하여 감으로써 위와 같이 중요한 자료를 유실하게 되어 국가적 손해가 막심함.

다. 따라서 이러한 대통령기록의 국가 소유를 분명히 하고 법적 통제를 가함으로써 그 관리를 엄격히 할 필요가 있는 바 대통령기록보존소의 설치, 대통령기록관리관 제도를 신설함으로써 그 관리의 효율성을 꾀하고자 함.**

---

* 곽건홍, 같은 책. 38쪽.
** 참여연대, 「대통령기록보존법 청원안」, www.peoplepower21.org/Politics/1098896.

이 청원은 사실상 우리나라 대통령기록제도의 시발점이 된다. 당시 법안은 현재 법안과 유사한 내용들이 많이 포함되어 있는데, 놀랍게도 대통령지정기록물 제도까지 포함되어 있는 것을 알 수 있다. 뒤에서 상세히 다루겠지만, 대통령지정기록물 제도는 대통령기록물법의 핵심 제도이고, 제도가 논의된 것은 이처럼 오랜 역사가 있었다.

제12조 공개제한

① 대통령은 다음 각 호의 경우에 한하여 대통령기록에 대한 공개제한 기간을 지정하여 대통령기록관리관에게 인계할 수 있다. 단 그 기간은 10년을 초과할 수 없다.

 ⅰ 국가이익상 외국에 대해 비밀이 지켜져야 할 경우

 ⅱ 행정 명령에 의해 기밀취급으로 지정된 사실의 경우

 ⅲ 무역상의 비밀 또는 직무상 특권이나 기밀상으로 얻어진 상업적·재정적 정보

 ⅳ 국가 기밀 사항에 대한 대통령과 그의 보좌진이나 조언자 간의 통신 내용과 자료

 ⅴ 인사 관련 자료나 의학적 자료 등 그것의 공표가 개인적 사생활의 명백한 침해인 경우

② 공개제한 여부는 전임 대통령과의 합의 후 대통령기록관리관이 결정한다.

③ 공개제한이 결정된 대통령기록은 아래의 항목에 대해 대통령기록관리관이 문서로 된 기록을 첨부해야 한다.

ⅰ 공개제한이 결정된 날짜

ⅱ 대통령기록관리관이 기록을 완전히 분류하여 보관을 완성한 날짜

ⅲ 공개제한의 근거

ⅳ 공개제한 기간*

이 자료는 당시 참여연대가 얼마나 치밀하게 입법안을 준비했는지 생생하게 보여준다. 현 제도와 비교해도 손색이 없을 정도로 완벽하다는 평가를 기록관리 전문가들로부터 받고 있다.

이 밖에도 법안에는 대통령기록에 대한 정의를 명확히 하고 단순한 프라이버시에 속하는 기록을 제외(제2조), 대통령기록의 관리 주체로서 대통령기록보존소를 총무처 산하에 설치(제3조), 대통령기록의 소유권이 국가에 있음을 선언(제5조), 대통령기록에 관하여 임기 중에는 대통령 자신이 관리·보존의 의무를 지고 임기 만료와 더불어 대통령기록관리관이 이를 인수하여 대통령기록보존소에 보존·관리하도록 하는 내용들을 포함시켰다. 현재의 대통령기록물법과 거의 유사한 형태이다.

정부와 시민단체가 법안을 만들고, 정치권에서도 적극적으로 노력한 결과, 마침내 1999년 1월 29일 '공공기관의 기록물 관리에 관한 법률'(공공기록물법)이 공포되어 2000년부터 시행되기에 이른다. 정부 수립 이후 52년 만에 기록을 국가의 재산으로 간주하는 최초

---

* 「대통령기록보존법 청원안」 중에서.

의 법이 만들어진 것이다.

주요 내용을 보면, 기록물의 범위를 국가기관, 지방자치단체, 기타 대통령령이 정하는 공공기관이 업무와 관련하여 생산·접수한 문서·도서 등 모든 형태의 기록정보자료로 정했다. 또한 기록물관리기관으로 행정자치부에 중앙기록물관리기관을 설치하고, 헌법기관·국가안전기획부·군 기관에 특수기록물관리기관, 시·도에 지방기록물관리기관, 중앙기록물관리기관에 대통령기록관을 각각 설치할 수 있도록 법제화했다. 아울러 공공기관의 장은 업무의 과정 및 결과가 모두 기록물로 남을 수 있도록 필요한 조치를 하도록 하고, 전문관리기관의 장은 역사 자료의 보존을 위하여 필요하다고 인정되는 경우에는 관련 공공기관에 특정 사항에 관한 기록물의 생산 의무를 부과할 수 있도록 했다.

대통령기록 이관 규정도 만들었는데, 대통령과 그 보좌기관이 대통령의 직무 수행과 관련하여 생산 또는 접수한 모든 기록물은 중앙기록물관리기관의 장이 수집하여 보존하도록 했다. 대통령관련 기록물을 무단으로 폐기·훼손하거나, 보존하고 있는 공공기관 밖으로 반출하는 것도 금지했다. 비록 단 하나의 조항으로 이루어져 있지만, 이는 대통령기록을 국가 소유로 만드는 첫 출발점이 되었다. 물론 대통령기록물법을 별도 입법해야 한다는 목소리도 있었지만, 공공기록물법에 조항을 삽입하는 것으로 만족해야 했다.

공공기록물법에는 사실 중요한 조항이 숨어 있었는데, 공공기관에 기록관리전문요원 배치를 강제하고 있었다는 점이다. 공공기록물법 제정안 25조에 "기록물의 체계적이고 전문적인 관리를 위하여 기록물관리기관에는 기록물관리 전문요원을 배치하여야 한다"고 규정함으로써 기록관리 업무를 전문가들이 맡아서 할 수 있는 법적 근거를 마련했다. 법이 통과되자 명지대를 비롯해 많은 대학교에서 기록관리 대학원을 설치하고 전문적인 기록관리 교육과정을 만들었다. 드디어 명실상부한 '기록'을 보존하고 관리할 수 있는 시대가 열린 것이다.

2장

노무현 대통령과
기록관리 혁신

법은 만들어졌지만 예상과 다르게, 전문가
들은 일을 할 수 있는 기회를 얻지 못했다. 기록관리 대학원 과정은
대부분 2000년 이후에 개설되었는데, 당장 대학원을 졸업한 기록
관리전문요원 인력이 없다는 이유로 공공기록물법 시행령에 유예
규정을 만들었다.

부칙 4조: (기록물관리 전문요원의 배치에 관한 경과조치) 기록물관리기관에서

기록물관리업무에 종사하는 일반직공무원·특정직공무원 및 별정직공무원은

중앙행정기관의 경우에는 2004년 말까지, 지방자치단체의 경우에는 2006년

말까지, 중앙행정기관의 소속기관의 경우에는 2008년 말까지, 기타 공공기

관의 경우에는 2010년 말까지 각각 제40조 제1항의 규정에 의한 기록물관리

전문요원으로 본다.

이 규정은 기존의 기록물관리 업무에 종사하는 공무원들을 최대
10년까지 기록물관리 전문요원으로 간주한다는 얘기였다. 이 조항
은 실제 기록물관리 전문요원이 일하기도 전에 혼란만 가중시키는

역할을 했다. 일부 학자들은 기록물관리 전문요원을 석사에서 학사로 하향 조정해, 대규모 인력을 배출해야 한다는 주장을 펼치기도 했다. 이미 기록관리 대학원에 입학해 있던 대학원생들은 도저히 받아들일 수 없는 주장이었다.

2004년 11월, 국회에서 '국가기록관리의 성과와 개선 방안'이라는 토론회가 열렸는데 모 교수가 "기록관리 전문인력 양성 개선을 위해서는 현행 '관련 분야 석사학위 이상을 취득한 자'로 규정된 자격 기준을 학사학위 이상으로 바꿔 문호를 개방해야 한다"고 발언했다. 나는 참여연대 정보공개사업단 간사 자격으로 토론회에 참여했는데, 그때 청중석에 있던 기록관리 대학원생들이 엄청난 반발을 했던 기억이 난다.

일부에서는 사서 자격을 가지고 있는 사람들에게도 기록관리전문요원 자격을 부여해야 한다고 주장했고, 기록관리 관련 업무를 하고 있던 공무원들은 본인들이 전문성이 더 뛰어나다며 기록관리전문요원 자격을 요구하기도 했다. 이 같은 공무원들의 요구는 이명박 정부에서 실제로 실현될 뻔했다. 그러나 일반직 공무원들에게 기록관리를 맡기는 것은 고양이에게 생선을 맡기는 것과 마찬가지이다. 세월호 참사가 터지자 관련 공공기관에서 기록 파기 논란이 일어나기도 했었다. 이런 주장들이 난무할 때마다 기록관리 대학원 재학생과 졸업생들은 기록관리전문요원으로 업무를 맡을 수 있을지 엄청난 불안감에 시달려야 했다.

이런 논의가 이어지는 동안 공공기관의 기록관리 업무는 계속 엉망이 되고 있었다. 그 실태도 다양했는데 기록 미등록, 기록 무단폐기, 은닉, 위조 등 수없이 많은 사례들이 쏟아져 나왔다. 이런 총체적 부실은 참여연대 정보공개사업단과 기록관리 전문가들의 헌신적인 노력으로 조금씩 그 실체가 드러나더니, 결국 앞에서 이야기했던 참여연대와 『세계일보』가 공동기획한 '기록이 없는 나라' 시리즈로 그 폭탄이 터졌다. 이 시리즈는 여러 의미가 있지만 우리나라 언론 최초의 '공공기관 기록관리 실태'에 대한 심층 기획이었다는 점에서 관련 전문가들로부터 엄청난 반향이 있었다.

이 시리즈를 준비할 때 노무현 대통령 탄핵 사태가 벌어졌다. 국회와 시청 앞으로 연일 시민들이 모여 탄핵 반대 집회를 여는 '탄핵 정국'이 이어졌다. 그런 중에도 참여연대 관계자, 기록관리 전문가들과 『세계일보』 기자들은 오직 이 기획의 성공을 위해 에너지를 쏟고 있었다.

그런데 첫 보도가 나간 후 생각보다 반응이 없어 실망이 컸다. 기록관리와 관련된 이슈가 사회적 파장을 일으키기 힘들었고, 당시 포털 등도 활성화되어 있지 않았다. 너무 조용한 반응에 당황했지만, 실제 정부의 움직임은 그렇지 않았다. 관련 진술에 의하면 노무현 대통령은 탄핵 복귀 후 정국 구상을 하고 있었는데 마침 이 기사를 접하고 엄청난 관심을 표했고, 관련 대책을 주무 장관에게 지시했다고 한다. 당시 허성관 행정자치부 장관은 시리즈 연재가 끝난 후 인터뷰를 자청해 "노 대통령 명의 등으로 (기록물 공개에 관한) 법제화를 추진 중이다. 노 대통령이 국무회의에서 구체적인 실태 파악을 지시했고, 기록공개 문제에 대한 제반 법률 사항이 필요한 것은 다음 회의 때 보고하라고 말씀하셨다. 기록물 문제는 지금까지 사각지대였다면서 대단히 중요한 것이라고 말씀하셨다. 대통령이 기록물에 대한 의지가 강하다"고 밝혔다.* 이런 소식을 듣고 기뻐했던 기억이 새롭다. 시리즈가 연재된 후, 대통령은 기록관리와 관련된 발언들을 쏟아내기 시작했다. 이로 인해 전 부처가 '기록 혁신' 경쟁을 시작했다. 다음은 노무현 대통령의 수석보좌관 회의 주요 발언 내용이다.**

○ 정부의 업무는 모든 것을 기록으로 남겨야 함.
- 대통령은 개인의 사적 행위와 고민이 담긴 것까지 담으려 하고 있음.
  ─ 민정수석실의 민감한 보고서까지 범죄 사실이 아니면 담으라고 지시하였음.
  ─ 좋은 것과 나쁜 것 구별 없이 다 기록해 두어야 함.
- 기록이 필요할 것인가, 아닌가는 우리가 판단할 문제가 아님.
  ─ 우리는 기록을 남기고 후세가 판단할 문제임.
- 대통령이 지시한 것은 모두 다 기록해 둘 것.
- 정책실명제의 관점에서 의미 있는 내용은 다 정리를 해 두어야 함.
  ─ 업무가 종료될 때 '지식정보'로 관리가 필요한 경우는 가공을 쉽게 할 수

---

* 세계일보 특별기획취재팀, 「허성관 행자 "기록은 역사에 대한 책임… 무단폐기 엄벌"」, 『세계일보』, 2004. 6. 10.
** 2005. 9. 5. 수석보좌관 회의시 노무현 대통령 발언.

있도록 시스템을 만들어 가는 것이 필요.

— 등록한 사람과 계기가 남게 하여 자기의 업적을 기록해 놓게 해야 함.

— '자기가 한 일을 또박또박 기록해 두는 것'은 매우 중요함.

• 9급 공무원의 제안이라도 다 남겨 둬야 함.

— 자기가 제안한 것은 기록에 남아 있어야 일할 맛이 나는 것임.

• 이러한 과정이 축적될 때 획기적인 발전을 할 수 있음.

• 비효율, 불합리, 부당한 업무를 빠르게 개선하는 시스템이 필요.

— 이를 위해 모든 것을 기록하고 의미 있게 재조합해 보아야 함.

• 종이에 기록하는 것도 기록으로 남기는 하지만 활용이 어려움.

— 디지털 자료를 만들어 활용도를 높이는 것이 중요.

• 또한 모든 자료에는 비공개 기간을 설정하여 기간이 종료되면 자동 공개되도록 해야 함.

대통령이 "9급 공무원의 제안이라도 다 남겨 둬야 한다", "자기가 제안한 것은 기록에 남아 있어야 일할 맛이 난다"는 발언을 수석보좌관 회의에서 했다는 것은 매우 이례적인 것이다. 전직 대통령중 그 누구도 기록관리에 관심을 가지지 않았기에, 향후 파장이 얼마나 클지 예상하지 못했다. 이때부터 참여정부는 사실상 모든 국정결정 사항과 의사결정 과정을 기록하겠다는 의지를 다졌다. 시민단체와 기록전문가들이 주장한 기록관리의 필요성이 여론을 움직였고, 대통령도 기록관리에 대한 발언들을 쏟아내면서 기록관리는 대통령비서실에서도 최대 현안이 되었다. 이에 따라 대통령비서실에서는 기록관리 및 정보공개 관련 전문가 간담회를 2004년 7월 19일부터 9월 13일까지 네 차례에 걸쳐 개최하였다. 또한 당시 정부혁신지방분권위원회가 상임기구로 출범해 참여정부 개혁과제를 추진하고 있었는데, 제41차 본회의(2004. 10. 29)를 통해 이 위원회 산하에 기록관리혁신전문위원회를 설치할 것을 의결하였다.* 기록관리혁신전문위원회는 기록관리 혁신과 관련된 전 과정을 국가기록원과 함께 이끌어 나갔다. 이 작업과 함께 대통령기록관리제도를 마련하기 위한 방안도 논의되기 시작했다.

참여정부의 4대 혁신법안

참여정부는 정보공개, 기록관리, 대통령기록관리, 비밀보호제도 등 4대 혁신법안의 제정 및 개정 작업에 돌입했고, 법 이외에도 인프라 준비를 위해 예산을 투입했다. 이 중에서도 가장 중요한 것은 대통령기록물법 제정이었다. 노무현 대통령이 자신의 임기 중에 생산한 모든 기록을 남기겠다는 의지를 다졌기 때문이다. 그러나 문제는 대통령기록을 남기면 정치권이 이를 왜곡할 수 있다는 부작용이었다. 이를 위해 대통령지정기록물 제도를 만들기로 했다. 외국에서도 선례가 있어 문제가 되지 않았다.

---

* 「참여정부의 기록관리 혁신」, 정부혁신지방분권위원회. 2005, 50쪽.

미국의 경우는 대통령기록물법에 의해 최대 12년까지 대통령기록을 보호할 수 있는데, 전직 대통령이 지정하면 미국 국립기록관리처장이 집행하는 방식으로 진행된다. 미국에서는 후임 대통령이 전직 대통령의 보호기록을 열람하려고 한 사례가 없는 것으로 알려져 있다. 그만큼 전임 대통령의 기록을 보호하는 문화가 성숙해 있고, 그것을 당연하게 생각한다. 프랑스의 경우에는 비밀·비공개 기록물은 30년, 대통령기록은 50년까지 비공개할 수 있고, 독일의 경우에는 대통령기록과 연방기록물은 모두 30년간 비공개할 수 있다.*

외국 사례에 비춰 대통령지정기록물 제도는 큰 문제가 없었고, 당시 야당에서도 이와 비슷한 법안을 입법발의하고 있어 법안은 일사천리로 준비되고 있었다. 참여연대에서는 "2000년부터 공공기록물법이 시행되었으나, 기록물법령상의 대통령기록의 범위가 명확하지 않고 생산·이관·공개 및 활용·보호 등에 대한 구체적인 규정이 없어 전문적이고 효율적인 관리에 장애가 되었던 것이 사실"이라고 밝히며 대통령기록물법의 필요성에 대해 찬성했다. 하지만 대통령지정기록물 제도에 대해서는 "대통령기록의 과다한 비공개와 보호 규정으로 인해 국민의 알 권리에 대한 심각한 침해가 예상되는 만큼 국회의 엄정한 심사가 요구된다"고 지적하기도 했다.** 참여

---

* 「대통령기록의 효율적 관리방안」, (사)한국국가기록연구원 연구보고서, 2006. 4. 15.
** 참여연대, 「대통령기록물법 제정안에 대한 의견서」, 2006. 12. 12.

연대의 지적은 타당하지만, 한편으로는 기록이 존재할 때 알 권리도 의미가 있다는 점에서 한계가 있었다. 대통령지정기록물 제도는 일부 알 권리를 침해하면서도 기록을 남겨 긴 차원에서 알 권리를 보호하겠다는 의지로 해석되는 이중성을 가지고 있는 것이다. 참여연대를 비롯해 시민사회단체에서도 이런 사실을 잘 알고 있어, 이 법안은 큰 반대 없이 진행되었다. 당시 필자도 이 제도 도입의 필요성에 대해서 강력하게 주장했다. 다음 글은 당시 상황을 잘 파악할 수 있어 전문을 소개한다.*

대통령기록물법 반드시 제정돼야

공공기관에서 생산되는 기록은 모두 소중한 국민의 재산이지만 그 중에서도 가장 중요한 것은 역시 대통령기록이다. 헌법상 대통령제에서 대통령은 가장 중요한 의사결정권한을 가지고 있고, 고도의 정치적 판단을 요하는 직책으로 인해 가장 민감한 기록들이 생산되기 때문이다. 얼마 전 최규하 전 대통령이 서거하자, 5·18민주화운동이나 대통령 하야와 관련된 기록 등이 메모 형태로 남겨졌는지에 관심이 모아졌다. 그러나 바꿔 얘기하면, 그렇게 중요한 역사적 사실의 기록이 국가기록원에 존재하지 않고 대통령의 메모의 존재 여부에 기댈 수밖에 없는 것이 우리 현실이다.

참여정부에서도 이라크파병, 한·미 자유무역협정, 북한 핵, 탄핵 등의 굵직한

---

* 전진한,「대통령기록물법 반드시 제정돼야」,『한겨레』2006. 11. 9.

사건들을 거치면서 온갖 중요한 기록들이 생산되었을 것이다. 이런 기록들은 반드시 보존되어야 하고 후세에 역사적으로 평가되어야 한다. 하지만 이런 상식적인 일들이 과거에는 전혀 이루어지지 않았다. 대통령기록은 정권이 교체되면 공공연한 비밀처럼 폐기되거나 외부로 유출되었다. 아마도 각종 기록들이 후임 정권으로 넘어가면 정치적 보복으로 이어질 것이라는 두려움 때문이었을 것이다.

현재 '대통령기록물 관리에 관한 법률안'이 국회에 계류 중이다. 법안은 대통령기록을 무단으로 파기하거나 국외로 반출하는 자에게는 엄중히 형사처벌할 수 있도록 했다. 하지만 이 법안에 논란의 소지가 있는 조항이 숨어 있다. 바로 대통령지정기록물보호 제도이다. 군사·외교·통일에 관한 비밀기록물, 대내외경제정책이나 무역정책기록물, 정무직 인사에 관한 기록물, 개인의 사생활에 관한 기록물, 대통령과 보좌기관 및 자문기관 사이의 의사소통기록, 대통령의 정치적 견해나 입장을 표명한 기록 중 국가안전보장에 중대한 위험을 초래하거나 혼란을 일으킬 수 있는 기록물 들을 대통령이 지정하면 최대 15년까지(개인사생활은 30년) 영장에 의하지 않고서는 어떠한 경우에도 열람, 사본 제작, 자료 제출 등에 응하지 않도록 되어 있다.

이 조항은 헌법상 보장되어 있는 국민의 알 권리를 일부 제한하고 있다. 이 같은 조항이 만들어질 수밖에 없는 것은 현재 '공공기관의 기록물 관리에 관한 법률'에 대통령기록 보호 조항이 없기 때문이다. 또한 역으로 말하면 과거에는 저 같은 기록들은 모두 폐기되거나 외부로 유출되었다는 것을 말해 준다. 만약 여러 가지 이유로 대통령기록물법이 제정되지 않고 정권이 교체된다면 또다시 대통령기록을 온전히 남기는 것은 불가능에 가깝다. 헌법상 보장되어 있는 국민의 '알 권리'도 기록이 있을 때 가능한 것이다.

그런 점에서 현재 입법발의된 대통령기록물법은 완벽한 법안이라고 할 수 없지만 '대통령기록'이라는 국민의 재산을 지키기 위한 차선의 선택으로 보인다. 대통령기록물법의 제정은 더 이상 미룰 수 없는 과제이다. 국회에서 연내에 반드시 제정되기를 희망한다.

정부, 정치권, 시민사회단체 등의 합심된 노력으로 2007년 4월 27일 마침내 대통령기록물법이 국회를 통과했고, 2007년 7월 28일부터 시행할 수 있게 되었다. 이 법으로, 1948년 이후 번듯한 대통령기록을 남겨 둔 경험이 없던 우리 사회는 진정한 대통령기록을 생산할 수 있는 법적·물적 토대를 갖추게 되었다.

3장

대통령직 권한과
기록

우리나라에서 대통령 이름을 모르는 사람은 거의 없을 것이다. 세계적으로도 우리 사회의 정치에 대한 관심은 매우 높은 편이고 유별나다. 정치와 관련된 뉴스들이 경마 보도처럼 매일 방송에서 쏟아져 나온다. 하지만 정작 대통령과 국회의원 등이 어떤 직무를 하고 있는지 물어보면 제대로 답하는 사람들이 별로 없다. 대학에서 학생들에게 대통령의 중요한 직무 열 가지만 얘기해 보라고 하면 서너 가지 이상을 말하는 학생을 보기가 힘들다. 매일 뉴스에 대통령이 등장하지만, 정작 대통령이 우리와 관련된 어떤 일을 하고 있는지 모르는 것이다.

대통령의 직무를 이해해야 어떤 대통령기록이 생산될지 예측할 수 있고 그 중요성을 이해할 수 있다. 대통령이라는 직업은 생각보다 훨씬 고도의 판단이 필요하며, 24시간이 부족할 정도로 많은 업무량으로 악명이 높다. 나는 EBS 방송에 나오는 〈극한 직업〉이라는 프로그램을 자주 보는데, 대통령은 그 프로그램에 나올 정도로 많은 업무량을 자랑한다.

반면 엄청난 권한도 있다. 우리는 단 한 번의 투표로 5년간 대통령 권한을 위임하지만, 대통령이라는 직책은 우리 사회 모든 분야에 개입할 수 있다. 예를 들어, 한·중 FTA 조약을 체결하면 농업 분야에 종사하는 사람들은 큰 타격을 받을 수밖에 없다. 아무리 우리 농산물이 뛰어나다고 하더라도, 거대한 대륙에서 쏟아져 나오는 값싼 농산물과 경쟁할 수 없다. 이렇듯 조약 하나만으로도 한 직업군 전체를 좌지우지할 수 있는 것이 바로 '대통령'이라는 직책이다.

또한 예산 배분권도 빼놓을 수 없다. 예산 심의는 국회에서 하지만, 가장 큰 역할을 하는 것은 대통령이다. 이명박 대통령은 22조 원이 넘는 예산을 4대강 사업에 쏟아부었다. 수많은 환경전문가들과 시민사회가 반대했지만 4대강을 살린다는 명분으로 강을 파헤쳤다. 그 사업 성과는 각자의 판단에 맡기겠지만, 멀쩡한 강을 살리겠다고 22조 원이라는 막대한 혈세를 쓴 것에 대해서는 세계적으로 많은 비판이 있다.

그러면 헌법에 규정되어 있는 대통령의 직무 중 대표적인 권한에 대해 분석해 보도록 하자.

인사권

대통령의 권한 중 가장 강한 권한은 바로 인사권이다. 헌법 제86조, 87조에는 대통령이 국무총리와 국무위원들을 임명할 권한을 명시하고 있다. 국무위원은 각 부의 장관들을 지칭하는데, 이 장관들은 다시 각 부처의 인사를 책임지고 있으므로 사실상 지방자치단체와 헌법기관을 제외한 전 공무원들의 인사 권한을 대통령이 행사할 수 있다. 대통령기록 중 큰 부문을 차지하는 것이 바로 인사 기록이기도 하다.

물론 대통령의 인사권에도 한계가 있다. 특히 국무총리와 국무위원 후보들은 인사청문회를 거치게 되어 있는데, 청문회에서 온갖 의혹이 터져 나올 경우 대통령은 국정 운영에 큰 타격을 받을 수 있다. 아무리 대통령이 국무총리와 국무위원들을 지명해도, 인사청문회를 통과하지 못하면 낙마하는 경우가 많다. 박근혜 정부 출범 이후 자진 사퇴하거나 지명이 철회된 인사청문회 대상 고위공직자 후보자들은 모두 아홉 명으로, 박근혜 대통령이 지명한 인사청문회 대상 고위공직자 가운데 15퍼센트나 된다.[*]

가령 장관 후보가 교수일 경우 논문 표절부터 재산, 병역 이행, 사생활, 위장 전입, 아들 병역 이행 등 검증받아야 할 것들이 수없이 많다. 이런 검증기록들은 다 기록으로 남게 된다. 참여연대 활동가 시절 모 장관에 대해 검증해 본 적이 있는데, 공개되어 있는 자료들만 보아도 의혹이 한두 가지가 아니었다. 가령 본인이 농촌 지역에 부동산을 가지고 있는 경우, 등기부 등본을 떼어 그 지역을 실사해 보면 소유지가 농지인지 확인할 수 있다. 농지인데 실제로 농사를 짓고 있지 않다면 농지법 위반일 가능성이 높다. 이런 기록들은

---

[*] 조혜정, 「청문회 낙마 15% 역대 최고」, 『한겨레』 2015. 2. 23.

대단히 민감한 기록일 수밖에 없다. 그리고 예비후보들에 대해서도 많은 검증을 하게 되어 있는데, 실제 후보자까지 되지 않는다면 그것은 매우 민감한 개인정보가 된다. 이런 이유로 대통령기록물법에도 '정무직공무원 등의 인사에 관한 기록물'에 대해서는 대통령지정기록물로 지정할 수 있도록 하고 있다.

계엄권 및 국군통수권

대통령의 권한 중 국민의 기본권을 제한할 수 있는 권한이 바로 계엄권이다. 헌법 제77조에는 "대통령은 전시·사변 또는 이에 준하는 국가비상사태에 있어서 병력으로써 군사상의 필요에 응하거나 공공의 안녕질서를 유지할 필요가 있을 때에는 법률이 정하는 바에 의하여 계엄을 선포할 수 있다"고 규정하고 있다. 계엄을 선포할 경우 영장제도, 언론·출판·집회·결사의 자유, 정부나 법원의 권한에 관하여 제한을 할 수 있다. 쉽게 말해 영장 없이도 체포할 수 있으며, 글을 발표하는 행위, 군중 집회 등을 제한할 수 있다는 말이다. 이 권한을 사용한 사례는 박정희, 전두환 대통령이 대표적이다.

박정희 대통령은 1972년 10월 17일, 대통령 특별선언을 통해 전국에 비상계엄령을 선포했다. 계엄령 이후 국회를 해산했고, 정당 및 정치 활동을 중지시켰다. 그뿐만 아니라 계엄사령부를 설치해, 정치 활동 목적의 옥내·외 집회와 시위를 금지하고 언론·출판·보도 및 방송은 사전 검열을 받도록 했으며 대학들을 휴교시켰다.

전두환 대통령도 시국을 수습한다는 명목으로 1980년 5월 17일 비상계엄을 전국으로 확대하면서 정당 및 정치 활동 금지, 국회 폐쇄, 국보위 설치 등의 조치를 내리고, 학생·정치인·재야인사 등 2천 6백여 명을 구금했다. 이런 계엄령은 시민들의 기본권 및 각종 권리를 제한하기 때문에 실제 전쟁이 일어나지 않는 한 현대 사회에서는 거의 시행하지 않는다.

계엄권과 비슷한 권한으로 국군통수권을 들 수 있다. 헌법 제74조에는 "대통령은 헌법과 법률이 정하는 바에 의하여 국군을 통수한다"고 규정하고 있다. 하지만 현재 대한민국의 전시작전통제권은 한미연합사령관에 있고, 평시작전통제권은 한국군 합참의장이 갖고 있다. 이에 따라 헌법에 규정되어 있는 국군통수권은 반쪽 권한이라는 지적이 있다.

만일 박정희, 전두환 대통령이 계엄권을 행사할 때 관련 회의록이나 기록들이 있었다면 현대사에 중요한 기록으로 남았을 것이다. 특히 그 행위로 인해 사형선고까지 받았던 전두환 대통령과 관련해서는 더없이 소중한 자료가 되었을 것이다. 이렇듯 기록은 역사에 있어서 좋은 일과 나쁜 일을 가리지 않고 중요하게 사용된다.

프랑스 파리 4구 제오프루아 라니에 거리에 있는 쇼아기념관 Shoah Memorial은 제2차 세계대전 당시 독일이 프랑스를 점령했던 상황과 유대인 대학살 사건이 담긴 문건과 사진, 유물 들을 전시하고 있다. 이런 기록들을 보존하고 전시하는 것은 과거에 대한 반성이

기도 하고, 다시는 이런 일을 반복하지 않겠다는 의지이기도 하다. 우리나라도 관련 기록들을 많이 남길 수 있었다면 5·17, 12·12사태 기록관 등을 만들어 역사의 교훈을 미래 세대에게 전하는 공간으로 활용할 수 있었을 텐데 아쉽다.

사면권

대통령의 큰 권한 중 하나가 사면권이다. 헌법 제79조에는 "대통령은 법률이 정하는 바에 의하여 사면·감형 또는 복권을 명할 수 있다"고 규정하고 있다. 2015년 8월 13일 정부가 광복절을 맞아 특별사면을 단행했다. 이 사면으로 6,527명이 특별사면, 220여만 명이 특별감면을 받았는데, 회사 공금을 빼돌려 선물투자 등 사적 이익을 취한 죄로 복역 중이던 최태원 SK 회장이 회사로 복귀하는 등 기업인 14명도 특별사면이 되었다.

사면권은 사법권을 무력화한다는 점에서 비판을 많이 받지만, 여전히 대통령의 가장 큰 권한으로 인식되고 있다. 그래서 정권마다 사면권을 행사하지 않은 적은 거의 없다.

또한 사면권은 아주 중요한 기록을 생산하기도 한다. 『한겨레』는 2009년 12월 24일에 개최된 법무부 사면심사위원회 회의록을 정보공개청구와 소송 끝에 공개받았는데, 여기에 이건희 회장에 관한 사면 내용이 모두 들어 있었다.* 이 회의록에는 관련 사면심사위원들이 이건희 회장의 사면이 얼마나 중요한지 역설하는 장면들이 그대로 담겨 있었는데, 당시 상황과 생각을 엿볼 수 있는 매우 소중한 기록이다.

긴급명령권

헌법 제76조 1항에는 "대통령은 내우·외환·천재·지변 또는 중대한 재정·경제상의 위기에 있어서 국가의 안전보장 또는 공공의 안녕질서를 유지하기 위하여 긴급한 조치가 필요하고 국회의 집회를 기다릴 여유가 없을 때 한하여 최소한으로 필요한 재정·경제상의 처분을 하거나 이에 관하여 법률의 효력을 가지는 명령을 발할 수 있다"고 규정하고 있다. 대통령의 긴급명령권은 사실상 법의 효력을 가지고 있는 큰 권한인 것이다.

이 조항을 근거로 김영삼 대통령은 1993년 8월 12일 오후 8시부터 대통령 긴급명령인 대통령긴급재정경제명령 제16호를 발동하여 당일 '금융실명거래 및 비밀보장에 관한 법률'을 전격적으로 실시했다. 하지만 금융실명제와 관련된 기록은 많이 보존되어 있지 않아, 당시 참모진들이 어떤 의견을 펼쳤는지 생생한 기록을 찾아

---

* 「이건희 회장 사면심사위원회 회의록 전문」, 『한겨레』 2015. 1. 6.

보기는 힘들다.

원칙적으로는 긴급명령권에 관해서는 국무회의를 거치도록 하고 있지만, 국무회의 회의록에는 대부분 찬반 의결만 기재되어 있을 뿐 별반 내용이 없다. 최근까지도 국무회의의 경우 녹음과 속기록은 남기지 않고 있고 서너 장으로 구성된 안건요약서가 전부이다. 2009년 이명박 정부는 이런 실태를 개선하기 위하여 국무회의의 속기록을 남기겠다고 약속했지만, 약속은 지켜지지 않았다.

금융실명제와 관련하여 국가기록원에서 검색되는 것은 재무부 보험국에서 작성한 '장영자·이철 사건' 관련 기록, '서명금융권별 제도정비' 기록, '실명 확인 관련 주요검토 기록', '실명제 관련 질의회신 기록', '실명법 보완검토 기록', '실명제실시대책회의 기록', '금융거래 활성화 방안', 1993년 '실명제실시중앙대책위원회 기록', 1993년 '탈법 등 대책 기록', '각국의 비밀보장 관련 자료', '유가증권거래 실명화 방안', '실명제 1주년백서', '실명위반 조사 의뢰 및 조치' 기록 등 157권의 기록뿐이다.

법률안 거부권

헌법 제53조에서는 "국회에서 의결된 법률안은 정부에 이송되어 15일 이내에 대통령이 공포"하도록 하고 있는데, 법률안에 이의가 있을 때에는 대통령이 국회에 재의를 요구할 수 있도록 규정하고 있다. 이때 국회가 법안을 다시 통과시키려면 재적의원 과반수가 출석하고 출석의원 3분의 2 이상이 찬성해야 한다. 특히 여야의 의견 대립이 첨예한 법안의 경우, 대통령이 법률안을 거부하면 사실상 법안 통과는 힘들게 된다. 1948년 제헌 국회 때부터 19대 국회까지 법안에 대한 거부권 행사는 모두 74차례(대통령, 참의원 포함) 있었고, 여소 야대였던 노태우 대통령 집권 초기에는 총 7건의 법률안 거부권이 행사되었다.*

법률안 거부권도 국무회의에서 다루게 되어 있는데, 여전히 부실한 국무회의 회의록으로 인해 당시 상황을 정확히 파악하기 힘들다. 이렇듯 국무회의를 상세히 기록하는 문화는 매우 중요하다. 우리나라 국무회의는 대통령만 발언하는 경우가 대부분이고, 의제들도 해당 부처에서 미리 조정하는 경우가 많아 활발한 논의가 이루어지지 않는다. 미국의 경우 대통령과 참모진들이 격렬히 토론하는 모습을 볼 수 있는데, 우리나라에서는 보기 힘든 모습이다. 현재와 같은 국무회의라면 속기록을 남긴다 하더라도 내밀한 기록을 담기는 어려울 것이다.

---

* 박태훈, 「거부권 행사 모두 74번, 대통령 거부권 행사는 66번, 朴 대통령 2번」, 『세계일보』 2016. 5. 27.

전직 대통령의 권한

현직 대통령뿐만 아니라, 전직 대통령도 권한이 있다. 대표적으로 연금이 있는데, '전직 대통령 예우에 관한 법률'에 의해 지급 당시의 대통령 보수 연액의 100분의 95에 상당하는 금액을 국가에서 지급해야 한다. 같은 법에 따라 전직 대통령이 사망한 경우에도 전직 대통령의 유족 중 배우자에게는 지급 당시의 대통령 보수 연액의 100분의 70에 상당하는 금액을 유족연금으로 지급하며, 30세 미만의 유자녀와 30세 이상인 경우도 생계능력이 없으면 연금을 지급해야 한다. 또한 민간단체 등이 전직 대통령을 위한 기념사업을 추진하는 경우에는 관계 법령에서 정하는 바에 따라 필요한 지원을 할 수 있다.

대통령기록물법 제25조에는 중앙기록물관리기관의 장은 특정 대통령의 기록물을 관리하기 위하여 필요한 경우에는 개별대통령기록관을 설치할 수 있도록 하고 있다. 또한, 개인 또는 단체가 대통령령으로 정하는 기준에 따라 특정 대통령의 기록물을 관리하기 위한 시설을 건립하여 국유재산법 제13조에 따라 국가에 기부채납하는 경우에는 전문위원회의 심의를 거쳐 개별대통령기록관으로 볼 수 있도록 했다. 최근 이 조항을 근거로 개별대통령기록관 건립 논의가 활발하게 이루어지고 있다.

아울러 전직 대통령은 비서관 세 명과 운전기사 한 명을 둘 수 있도록 했고, 전직 대통령이 서거한 경우 그 배우자는 비서관 한 명과 운전기사 한 명을 둘 수 있다. 물론 이들에 관한 비용은 전액 국가에서 지원한다. 또한 필요한 기간의 경호 및 경비를 요청할 경우 응해야 하고, 교통·통신 및 사무실 제공, 본인과 가족에 대한 치료 등을 지원하도록 했다. 이명박 전 대통령의 경우 현직 박근혜 대통령보다 경호를 여섯 배나 더 받았다는 언론 보도가 있기도 했다.*

---

* 「현직 대통령의 6배나 많은 MB 경호 횟수… 이유는」, JTBC 2014. 10. 29.

4장

대통령기록물법
제정의 의미

참여정부 시절 제정된 대통령기록물법은 특별한 의미가 있다. 가장 눈에 띄는 것은 이 법을 제정하고 시행하는 첫 주체가 참여정부라는 점이다. 이 법안은 2007년 4월 27일에 국회를 통과했고, 3개월 후에 시행되었다. 대개의 법안은 국회를 통과한 후 실제 시행은 1년쯤 뒤에 하는 것이 보통이다. 정보공개법 (공공기관의 정보공개에 관한 법률)의 경우, 김영삼 정부 시절인 1996년 12월 31일에 제정되었지만 시행은 김대중 정부 시절인 1998년 1월 1일부터 시작되었다.

벌칙 조항이 있는 대통령기록물법과 달리 실제로 그 법을 위반했을 때 처벌하거나 강제할 수 있는 조항이 없는 법률들이 있는데, 그 대표적인 것이 정보공개법이다. 정보공개법은 공공기관에서 10일 안에 정보공개청구인에게 답변을 하도록 규정하고 있는데, 실제 이 조항을 위반할 경우 처벌이나 징계를 강제할 수 있는 조항이 없다. 법 규정이 이렇다 보니, 정보공개청구 후 한 달이 지나서야 공공기관이 답변을 하는 경우도 있고 심지어 답변 자체를 하지 않는 경우도 흔하다.

지난 15년 동안 많은 활동가들과 기자들이 이런 현실을 바꾸려고 노력을 다해 보았으나 큰 실효를 거두지 못했다. 예를 들어 지난 2014년 3월 정보공개센터가 감사원에 고용노동부에 대한 공익감사청구를 한 적이 있다. 고용노동부가 2013년 1월 1일부터 2014년 2월 28일까지 결정통지(공개/부분공개/비공개)한 정보공개처리 건수는 총 290건이었다. 그런데 이 중 법정 처리기한인 1~11일(법정공휴일 포함)이 소요된 건은 165건(57퍼센트)에 불과했고, 결정통지 10일 연장을 고지한 경우에 해당하는 12~23일(법정공휴일 포함)이 소요된 건은 78건(27퍼센트), 결정통지 법정기한을 초과해 처리한 건은 총 47건(16퍼센트)이었다. 고용노동부의 전체 정보공개처리 건수 중 40퍼센트 이상이 법정 처리기한을 초과해 통지되고 있었던 것이다. 이런 현상은 고용노동부 내에 정보공개처리에 관한 내부시스템이 붕괴되어 있다는 것을 의미한다. 이런 일을 당해도 정보공개법에는 아무런 규정이 없다. 그래서 감사원 훈령에 규정되어 있는 공익감사청구 제도를 이용했다.

공익감사청구는 19세 이상으로 300명 이상의 국민, 비영리민간단체지원법 제2조 제1호 내지 제3호, 제6호의 요건을 갖추고 상시구성원 수가 300인 이상인 공익 추구의 시민단체, 감사원 감사대상기관의 장, 지방의회가 공익사항에 대해 감사청구를 하면 이를 심사하여 감사의 필요성이 인정되는 경우 감사를 실시하도록 하고 있다. 이 공익감사청구는 시민의 권리로 부여된 권한이며, 정보공개법 자체에는 법 위반을 할 경우 별다른 제재 조항이 없다. 따라서 공공기관이 정보공개법을 위반하면 공익감사청구 등을 통해 문제점을 언론에 부각시키는 정도가 고작이다.

그런데 대통령기록물법은 정보공개법과는 차원이 다른 법이다. 대통령기록물을 무단으로 파기하거나 무단으로 국외로 반출한 자는 10년 이하의 징역 또는 3천만 원 이하의 벌금에 처할 수 있도록 했다. 대통령기록물을 무단으로 은닉 또는 유출하거나, 손상 또는 멸실시킨 자는 7년 이하의 징역에 처할 수 있도록 했고, 비밀누설 금지 등을 위반한 자는 3년 이하의 징역이나 금고 또는 7년 이하의 자격정지에 처할 수 있도록 했다.

이런 처벌 조항은 체계적인 대통령기록관리를 위해 필요한 것이었지만, 노무현 대통령과 그 비서진에게는 큰 부담이 될 수 있는 것이다. 참여정부는 시행 시기를 1년 후로 미루어 이 법안을 스스로에게 적용하지 않을 수도 있었다. 그러나 참여정부는 집권 기간에 진행해 온 기록관리 혁신의 정점으로 대통령기록물법 제정을 추진했고, 그 시행 주체를 참여정부로, 법 시행을 2007년 7월부터라고 못박았다. 대통령기록물을 역사에 남기겠다는 의지의 표현이라고 할수 있다. 이런 노무현 대통령의 의지를 이해한다면 노무현 대통령 퇴임 이후 제기된 각종 의혹이 전혀 근거가 없다는 것을 알 수 있다. 자신도 처벌할 수 있는 조항을 만들어 놓고, 대통령기록을 유출·삭제한다는 것은 상식적으로 말이 되지 않는다.

법을 제정하는 것과 동시에 대통령기록물의 생산과 이관도 매우 파격적으로 진행되었다. 공식적으로 750만 건의 기록을 남겼는데,

그 중 대통령지정기록물 34만 건을 만들어 대통령기록관으로 이관했다. 이는 대통령기록물법 제11조(이관)를 최초로 시행한 것이다. 비밀기록도 9,700건을 만들어 후임 정권이 참고할 수 있도록 국가기록원에 이관했다.* 이는 우리 현대사에서 매우 의미 있는 일이었다. 당시 비서진들은 노무현 대통령 퇴임식까지 기록을 정리하고 이관하는 작업에 매달렸다. 임기 말까지 대통령기록물의 이관을 위해 업무에 매진한 정권은 아마 앞으로도 찾아보기 어려울 것이다. 참여정부에 대해서 수많은 다른 평가가 있지만 이 기록관리 분야만은 과거 어떤 정부보다 모범적이었다.

대통령기록물법에는 이 밖에도 의미 있는 조항들이 많았는데, 우선 '대통령기록물'을 대통령의 직무 수행과 관련하여 대통령이 직접 생산하거나, 대통령의 보좌기관·자문기관 및 경호업무를 수행하는 기관과 대통령직 인수위원회가 생산하는 기록으로 한정했다. 과거 대통령기록에서는 각 부처가 대통령 재가를 받은 기록이 큰 비중을 차지했고, 대통령과 직접 관련이 있는 기록은 적었다. 위 조항은 대통령 재가기록을 대통령기록 범위에서 배제함으로써 명실상부한 대통령기록을 생산할 수 있는 토대를 마련해 주었다.

대통령기록물법 제3조는 "대통령기록물의 소유권은 국가에 있"다고 명확히 규정하고 있다. 이 조항으로 대통령이 생산한 기록이 대통령 자신의 소유가 아니라 국가의 소유임을 명확히 했고, 자신

---

* 「우상호의 입심 "문씨 죽이려다 이씨 죽게 생겼다"」, 『노컷뉴스』 2013. 11. 20.

이 생산했더라도 대통령기록물을 파기·손상·은닉·멸실 또는 유출하거나 국외로 반출하지 못하도록 했다. 하지만 이 조항이 대통령기록물의 원본 및 진본에 대한 규정인지 사본에도 적용되는 것인지 모호해, 훗날 노무현 대통령이 공격받는 빌미가 되기도 했다.

또한 대통령기록물법은 대통령기록물의 효율적 보존·열람 및 활용을 위하여 중앙기록물관리기관의 장이 그 소속에 대통령기록관을 설치하도록 했다. 대통령기록을 전문적으로 관리할 수 있는 기관을 설치하여 좀 더 체계적인 관리가 가능하도록 한 것이다.

이처럼 대통령기록물법은 참여정부 자신부터 적용할 수 있도록 제정되었으며, 이 법에 따라 대통령기록물은 잘 이관되어 갔다. 그러나 우리 정치 수준은 대통령기록을 역사에 제대로 남기려 노력한 참여정부의 진정성을 있는 그대로 받아들이지 않았다. 모범적으로 생산된 대통령기록이 참여정부를 공격하는 빌미가 되는 데에는 많은 시간이 필요하지 않았다. 노무현 대통령은 퇴임 때만 하더라도 이 기록들이 자신의 처지를 곤란하게 만들 것이라고는 꿈에도 생각지 못했을 것이다.

5장

"대통령기록으로
노무현 대통령을
공격하라"

대통령기록 공격으로 시작된 참여정부 탄압

왜 노무현 대통령은 e지원 시스템을 봉하마을로 가져갔을까? 지금도 이 사건의 실체적 진실에 관해 논란이 있고, 적절성과 합법성 여부에 대해서도 많은 논쟁이 있다. 우리 현대사의 비극 중 하나인 노무현 대통령의 서거를 촉발한 사건이기도 하다. 결론부터 말하면, 이 사건은 관련 시설 및 제도가 정비되어 있지 않아 우발적으로 발생한 것이고 대통령기록을 유출할 의도가 없었다는 것이다. 다만 이명박 정부는 희생양이 필요했고, 그 대상이 노무현 대통령이었으며 그를 이용해 여론 전환을 하려 했을 뿐이다. 당시 봉하마을에 많은 관광객이 몰려들면서 노무현 대통령의 인기가 다시 높아진 것도 원인을 제공한 것으로 보인다. 자신들은 촛불집회로 국정 동력을 잃은 마당에 봉하마을에는 방문자들이 넘쳤으니 배가 아플 만도 했다. 이명박 정부는 한번 잡은 기회를 발판 삼아 노무현 대통령을 참 끈질기게 물고 늘어졌다.

이명박 정부는 압도적인 대선 및 총선 승리로 자신감이 하늘을

찌를 듯했다. 국정 운영에 거침이 없었고, 그 동력으로 2008년 4월 18일에 '뼈와 내장을 포함한 30개월 이상, 대부분의 특정위험부위를 포함한 30개월 미만'의 미국산 쇠고기를 수입하는 협상을 체결했다. 이는 검역주권 포기라는 대국민적 반감을 일으키는 위험한 협상이었고, 그 결과 이른바 '광우병 파동'이 일어나기 시작했다.

자신감에 충만했던 이명박 대통령은 "우리 도시민들은 세계에서 가장 값비싼 고기를 먹고 있다"면서 "질 좋은 고기를 들여와서 일반 시민들이 값싸고 좋은 고기 먹는 것"이라는 등 국민의 정서를 이해하지 못한 발언을 수차례 해 큰 반감을 일으켰다. 이런 발언들은 한편으로는 소를 키우는 농민들의 분노를 불러일으켰고, 또 한편으로는 한·미 쇠고기 협상을 미국에 대한 검역주권 포기로 받아들이는 국민들의 감정에 불을 지폈다. 인터넷에는 미국산 쇠고기에 대한 각종 루머가 쏟아져 나오고, 도심에서는 수많은 사람들이 참여하는 자발적 촛불집회가 시작되었다. 특히 교복 차림의 중·고등학생들이 집회를 이끄는 등 사회적 파문이 확산되어 갔다. 촛불집회의 기세는 무섭게 퍼져 나갔고 세종로에는 서 있을 공간도 부족할 정도로 시민들이 몰려들었다. 집권 초기임에도 불구하고 이명박 정부는 당황하기 시작했다. 언론에서도 굴욕적 협상에 대한 비판 기사가 쏟아져 나왔다. 연일 계속되는 집회로 이명박 정부는 국정 동력을 상실하며 국정 지지율이 10퍼센트대로 폭락했고 이명박 대통령은 두 번이나 사과를 하게 된다.

쇠고기 협상에 대한 비판이 이어지는 가운데, 2008년 6월, 한 일

간지에서 참여정부 e지원 자료가 봉하마을로 유출됐다는 기사가 보도된다.* 이 보도는 생각보다 파문이 커, 정국을 전환하는 첫 신호탄이 된다. 정부를 비판하던 언론들의 시선이 갑자기 봉하마을로 향한다. 당시 이명박 정부는 "노무현 정부 청와대 관계자들이 지난 2월 퇴임 전 청와대 비서동에 있던 청와대 컴퓨터 메인 서버의 하드디스크 전체를 봉하마을로 옮겼고, 대신 새로 들여온 하드디스크엔 극소수 자료들만 옮겨 놓고 떠난 것으로 확인됐다"고 밝혔다. 또한 "추가로 수십 개의 소형 하드디스크에 데이터를 백업용으로 복사해 간 것으로 파악됐다"고 주장했다.**

기록물 유출, 큰 음모?

당시 한나라당 이진복 의원은 「대통령비서실 e지원 기록물 보호체계 구축 최종감리보고서」를 공개했다. 이진복 의원은 이 보고서에서 "e지원의 기록물 보호체계가 인터넷에 연결 시 자료유출 가능성 등 보안상 여러 가지 취약점이 있다"는 내용을 지적하며 더 큰 음모가 있는 것처럼 공격했다. 삽시간에 보수 언론을 중심으로, 참

---

*   김정하, 「35만 명 인사파일 봉하마을 유출 왜?」, 『중앙일보』 2008. 6. 17.
**   서승욱·남궁욱, 「노 정부 때 청와대 메인 서버 봉하마을에 통째로 가져갔다」, 『중앙일보』 2008. 7. 7.

여정부가 e지원 시스템을 무단 유출했고 그 기록에는 비밀기록 및 참여정부 인사관리철 등이 있어 부정적인 목적으로 사용할 수 있다는 보도가 쏟아져 나왔다.

언론의 보도로만 보면, 대통령기록의 생산과 온전한 이관을 강조하던 노무현 정부가 정작 그 기록을 대통령 사저로 가져가 사적으로 이용하려는 것처럼 보였다. 이 사건은 중요했다. 참여정부의 최고 성과물이었던 대통령기록물법이 음모 때문에 만들어진 것처럼 오해될 수 있었다. 언론은 대통령기록이 부정한 목적으로 관리되었다는 쪽으로 여론을 몰아가기 시작했다. 그러나 e지원 시스템 구조의 복잡성과 전자기록의 개념을 설명하기 힘들어 봉하마을에서는 방어하기가 쉽지 않았다.

이 문제는 전직 대통령의 온라인 열람권 확보가 구비되지 않는 등 제도와 시스템이 구축되지 않아 발생한 문제이지만 오해의 소지도 분명히 있었다. 당시 기록 학계 및 시민사회도 혼란에 빠졌고, 이 문제에 대해 어떻게 대응해야 할지 난감했다. 많은 논의가 있었지만 결론을 내지 못했고, 언론에서 걸려 오는 문의 전화로 나도 온종일 정신이 없었다. 이러는 사이, 노무현 대통령은 대통령기록을 개인적으로 이용한다는 부정적 여론에 휩싸이게 되었다. 현 시점에서 생각해 보면 봉하마을 참모진들이 기록관리 전문가들과 시민단체 등에 미리 설명하는 과정을 거쳤어야 했지만 그런 절차가 없어 오해를 증폭시킨 면도 있다.

사건의 진실은 무엇인가

봉하마을 측은 대통령비서실에서 가져간 것은 e지원 사본이고, 진본(원본)은 대통령기록관에 있다고 주장했다. 가져간 행위도 대통령기록물법에 규정되어 있는 열람권을 확보하기 위한 것이기 때문에 정당하다고 항변했다. 이명박 정부 측에서는 원본·사본 관계 없이 기록을 봉하마을로 가져간 것 자체가 불법이라고 주장했다. 연일 기록관리와 관련된 보도가 쏟아져 나왔고 신·구 정권이 정면으로 맞부딪쳤다. 봉하마을 입장에서는 자신의 정당성을 설명하기 쉽지 않았고, 여론도 불리하게 돌아가고 있었다.

이제 이 사태에 대해서 다시 분석해 보자. 노무현 정부 말기였던 2007년, 국가기록원은 대통령기록관리시스템 구축 계획을 세웠다. 이 과정에서 대통령기록이관 시스템만 구축했고, 예산 부족 등의 이유로 전직 대통령이 자신의 기록을 열람할 시스템을 포함해 대통령기록을 서비스할 수 있는 체계는 만들지 못했다. 2008년까지 대통령기록관리시스템을 고도화하지 않아, 전직 대통령이 시스템을 통해서 열람하는 것은 불가능했다. 이런 문제로 노무현 대통령 측은 자신의 기록을 열람할 목적으로 e지원 시스템 한 부를 복사해 봉하마을로 가져간 것이다.

그런데 당시 언론과 정치권은 다시 스토리를 만든다. 별도 분리되어 있는 e지원 시스템 서버가 인터넷에 연결되면 자료유출 가능성 등 보안상 여러 가지 취약점이 있다고 주장하기 시작한 것이다.

이는 별도로 보존되어 있는 하드디스크를 외부에서 해킹할 수 있다는 주장처럼 황당한 이야기였다. 당시 주장들은 대부분 소설에 가까운 내용이 많았다. 사건의 진실은 e지원 시스템 사본 한 부를 복사해서 가져간 것이고, 그것이 사건의 전부이다.

사본을 가져간 것도 다른 목적이 아니라 자서전 등으로 참여정부의 국정 운영 가치와 노하우를 기록하기 위함이었다. 노무현 대통령은 퇴임 이후 오리를 이용한 생태 농사와 함께 자서전을 쓰는 것에 관심이 많았다. 자서전도 자신의 치적만 자랑하는 것이 아니라 대통령기록이라는 사초를 통해 객관적으로 기술할 수 있기를 바랐다. 이것이 사건의 전체 내용이다. 그런데 이 단순한 스토리에 '불순한 의도'와 의혹이 첨가되니 영화 같은 이야기가 탄생했다. 이런 스토리가 노무현 대통령을 사후까지 괴롭힐지는 누구도 짐작하지 못했다.

e지원 시스템 유출, 합법인가

이 사건으로 e지원 시스템 사본을 봉하마을로 가져간 것이 합법인지, 대통령기록관리를 위해 적절한 행위인지 관심이 쏠렸다. 이명박 정부에서 법제처는 노 전 대통령이 대통령비서실 e지원 시스템과 똑같은 복제 서버를 만들어 봉하마을 사저에 설치한 것과 관련해 "대통령기록물 열람권의 범위에 사본 제작은 포함되지 않는

다"며 대통령기록물법 위반이라고 밝혔다.* 게다가 "유출된 자료
엔 공무원 1만 5000여 명, 기자 750명, 기업 임원이나 학계·시민단
체 인사 등 35만 명의 개인 신상자료를 비롯해 자유무역협정FTA 쇠
고기 협상이나 국무회의 자료 등 국가 기밀 사항이 대량 포함"되어
"자료가 새어 나갈 경우 국가에 중요한 타격을 초래할 것이 예상되
므로 자료 유출 조사는 불가피하다"**는 주장까지 나왔다. 이 주장대
로라면 노무현 대통령은 자신이 제정한 대통령기록물법을 위반한
첫 주인공이 되는 셈이었다.*** 참여정부 관계자들은 e지원 시스템을
봉하마을로 가져갈 때 법제처의 해석과 관련 당사자들의 동의를 받
아 무단 유출이 아니라고 주장하면서, 열람권 확보를 위한 불가피
한 조치였다고 여러 번 항변했지만 소용없었다.

그런데 2009년 10월 법제처가 이춘석 민주당 의원에게 제출한
법령해석심의위원회 회의록에 따르면, 1차 회의 당시 심의위원 여
덟 명 중 네 명이 "사본 제작도 열람에 포함된다"는 의견을 내고, 세
명만 위법 의견을 냈다. 결국 노무현 대통령이 대통령비서실 e지원
시스템 복제를 통해 대통령기록물을 봉하마을로 가져간 것은 합법
적 행위라는 해석이다. 하지만 법제처에서 심의위원 전원을 교체한

---

* 정재호, 「법제처 "盧측 기록물 사본제작, 법리적 권한 없다"」, 『뉴시스』 2008. 9. 22.
** 김정하, 「35만 명 인사파일 봉하마을 유출 왜?」, 『중앙일보』 2008. 6. 17.
*** 대통령기록물을 무단으로 은닉 또는 유출한 자는 7년 이하의 징역 또는 2천만 원 이하의 벌금
   에 처하도록 규정되어 있다(대통령기록물법 제30조).

2차 회의에서는 불법으로 결론을 내린다.* 여기에서 보듯, 노무현 대통령이 e지원 시스템 사본을 봉하마을로 가져간 것은 일방적으로 불법이라고 몰아붙일 수 없는 사안이었다. 그리고 노무현 대통령이 의미 있는 대통령기록을 생산했고 관련 법률을 만든 당사자라는 점에서 부정적 의도가 있다고 보기 힘들었다.

대통령기록물법에도 전직 대통령의 대통령기록 열람권을 명시해 두었다. 대통령기록물법 18조에는 "대통령기록관의 장은 (…) 전직 대통령이 재임시 생산한 대통령기록물에 대하여 열람하려는 경우에는 열람에 필요한 편의를 제공하는 등 이에 적극 협조하여야 하며, 편의 제공에 관한 협의 진행상황 및 편의 제공의 내용 등을 문서로 기록하여 별도로 관리하여야 한다"고 규정하고 있다. 전직 대통령이 대통령기록을 열람할 수 있는 시스템이 구축되지 않은 상황에서는, 대통령기록을 열람하려면 당시 성남시에 있던 대통령기록관을 매번 방문해야 했다. 이런 상황에서 열람권 확보를 위해 e지원 시스템 사본을 봉하마을에 구축할 수밖에 없었으리라 생각한다.

---

* 구영식, 「첫 회의는 '합법' 우세, 2차에서 '불법'으로 극에서 극으로… 노무현 기록물 유출사건」, 『오마이뉴스』 2009. 10. 7.

대통령기록 유출, 합법?

당시 기록학계 전문가들도 여러 의견으로 나뉘었다. 참여정부 이전 대통령들은 대통령기록물법이 존재하지 않아 대부분 개인적으로 기록을 처리했고, 그 자체도 아무런 문제가 되지 않았다. 노무현 대통령이 스스로 법 제정을 추진했기에 이 같은 문제가 발생한 것이다.

먼저, 전직 대통령은 업무의 과정에서 생산된 모든 기록의 당사자이기 때문에 대통령기록관에 원본 및 진본 기록을 남겨 둔다면 아무런 문제가 없다는 합법설이 있었다. 대통령기록물법에 따라 기록을 남겨 두는 것을 의무화한 것이기 때문에 대통령기록을 작성한 본인이 한 부를 가져가는 것은 아무런 문제가 될 수 없다는 의견이다. 이 주장은 대통령기록물법의 무단 은닉 및 유출에 대한 처벌 조항이 사본에는 해당하지 않는 것인지 명확하지 않다는 점과, 비밀기록 등에 대해서 설명할 수 없다는 점이 문제점으로 지적될 수 있다.

부분 불법설도 있었다. 열람권 확보를 위해 e지원 시스템 한 부를 복사하는 것 자체는 문제가 없지만, 그 안에 비밀기록 등이 포함되어 있다면 결과적으로 불법이 된다는 것이다. 비밀기록의 경우 그 기록 자체를 외부로 옮기는 것도 동의를 받아야 한다. 비밀기록에 관해 규정하고 있는 보안업무규정 제23조에는 "비밀의 일부 또는 전부나 암호자재에 대해서는 모사模寫·타자打字·인쇄·조각·녹음

·촬영·인화印畫·확대 등 그 원형을 재현再現하는 행위를 할 수 없다"고 되어 있다. 또한 같은 법 제27조에는 "비밀은 보관하고 있는 시설 밖으로 반출해서는 아니 된다"고 나와 있다.

그러나 이 사건은 단순히 법조문만을 가지고 불법과 합법을 판단하기가 어렵다. 역대 대통령 중 최초로 대통령기록 대부분이 전자기록으로 생산되었다는 점, 전직 대통령의 사저가 서울이 아닌 경남 봉하마을에 있다는 점 등 여러 상황이 합법도 불법도 아닌 비非법의 상태로 남아 있어 이 같은 문제가 불거진 것이다.

이 문제가 정리된 후 이명박 정부도 비非법의 영역이 있었음을 인정하고, 2010년 2월 "대통령기록관의 장은 (…) 대통령지정기록물 및 비밀기록물을 제외한 기록물에 대하여 '정보통신망 이용촉진 및 정보보호 등에 관한 법률' 제2조 제1항 제1호에 따른 정보통신망을 이용한 열람을 위한 편의를 제공할 수 있다"*는 조항을 신설했다. 이는 노무현 전 대통령이 기록을 무단으로 유출한 것이 아니라 열람권 확보를 위해 시스템을 복사했다는 것을 이명박 대통령 스스로 인정한 셈이다.

그뿐만 아니라 노무현 대통령이 재임 기간에 생산한 기록을 봉하마을로 유출할 의도가 있었다면 왜 대통령기록물법에 유출에 관한 처벌 죄를 포함했는지도 설명되지 않는다. 다른 대통령들처럼 법을 제정하지 않았다면 아무 문제도 없었는데 말이다.

---

* 대통령기록물법 제18조(전직 대통령에 의한 열람).

이처럼 여러 측면을 검토해 보더라도 봉하마을 유출 사건은 대통령기록에 대한 제도와 시스템의 미비 때문에 발생한 것이 분명하다. 하지만 이명박 정부와 언론들은 엄청난 인사기록과 비밀기록이 유출된 것처럼 호들갑을 떨었다. 당시 이 사건은 워낙 크게 이슈가 되어서 기록 관련 전문가들도 별다른 논평을 하지 못한 채 침묵을 지킬 수밖에 없었다. 가장 큰 업적이었던 대통령기록은, 퇴임 1년도 되지 않아 '불순한 의도'로 만들어진 기록이 되어버렸다. 참 매정하고도 기가 막힌 정치 현실이었다.

국가기록원의 참여정부 비서진 고발

봉하마을 측은 언론과 이명박 정부의 계속되는 압력을 견디지 못하고 하드디스크 14개와 복사본 14개 등 두 질 28개의 하드디스크를 2008년 7월 18일 국가기록원에 반납했다. 하지만 국가기록원은 성명을 내고 "'저장장치 파손·데이터 손상에 대비한 임의반환 중지' 등 협조를 거듭 요청받고도 이를 거부한 채 별도의 안전조치 없이 기록물 접근 권한도 없는 자에게 맡긴 채 일방적으로 반환했다"며 이로 인해 "향후 완전한 회수 여부 확인 등이 거의 불가능하게 됐다"고 주장했다.* 아울러 국가기록원은 "'열람권'과 관련 현재 국가

---

* 「盧측 ─ 국가기록원 기록물 반환 놓고 공방 격화」, 『국제신문』 2008. 7. 20.

기록원에서 대통령 전용 열람시설 등 서비스를 제공하고 있으나", 정부전산시스템도 해킹 우려가 있어 전용선 설치시 해킹의 위험을 고려해야 하며, "전직 대통령이 국가 기밀 자료를 상시로 열람할 필요가 있는지에 대해서도 판단할 필요가 있"*다며 노 전 대통령 측을 비판했다.**

사태는 여기서 끝나지 않았다. 2008년 7월 24일 국가기록원은 "노무현 전 대통령비서실 관계자들이 대통령기록물을 무단 유출했다는 사실을 지난 3월 확인한 뒤 유출된 대통령기록물 반환을 3개월에 걸쳐 요청했으나, 노 전 대통령 쪽은 서버에서 하드디스크와 데이터 복사본을 임의 분리해 일방적으로 반환했"고, "유출자의 협조를 통해 '완전한 원상 회수'가 불가능해졌고 실체적 진실 규명도 어려워 고발하게 됐다"며 서울지검에 참여정부 관계자 열 명을 고발했다. 기록원이 직접 확인하지 못해 검찰에 수사를 의뢰한 대목은, 추가 유출 여부, 추가 복제본 존재 여부, 반환된 기록물이 전체인지 아닌지 여부, e지원 시스템에 존재하는 로그 기록 등이라고 밝혔다.*** 고발 대상자에는 당시 현직으로 일하던 임상경 대통령기록관장(참여정부 청와대 기록관리비서관)도 포함되어 있었고 고발과

---

* 국가기록원, 「노무현 전 대통령 측 주장에 대한 국가기록원 입장」, 2008. 7. 21. http://www.archives.go.kr/next/news/pressDetail.do?board_seq=90514&page=3&keytype=title&keyword=봉하마을.
** 전진한, 「이런 식이라면 누가 대통령기록 남기겠나」, 『오마이뉴스』 2008. 7. 22.
*** 김규원 신승근, 「국가기록원, 기록물 유출 관련 10명 고발」, 『한겨레』 2008. 7. 24.

동시에 직무를 정지시켰다.

　일반 시민들에게 국가기록원의 이런 주장과 행태가 기록관리 총괄기관으로 당연한 것처럼 보일 수 있지만, 기록관리 전문가들이 보기에는 씁쓸한 일이었다. 참여정부의 기록관리 혁신 캠페인의 가장 큰 혜택을 받은 기관이 바로 국가기록원이었다. 불과 몇 개월 전까지 자신들과 함께 일한 대통령이고, 국가기록원을 성장시키기 위해 애쓴 대통령이었다. 정치는 비정하고 공무원들은 영혼이 없다고 하지만, 이 사건을 보는 내내 국가기록원의 고발은 입맛을 쓰게 만들었다.

　2003년 참여정부가 출범했을 때 국가기록원은 2·3급 규모에 직원도 백여 명에 불과한 조직이었다. 당시 국가기록원의 명칭은 '정부기록보존소'였다. 기관 명칭에서도 드러나듯 정책 결정 등에 권한이 없는 보존소 기능만 수행하는 곳이었다. 정부기록보존소에서 일하던 소장과 연구직 공무원들이 많이 있었는데, 이들은 자신의 이름을 걸고 열심히 활동했다. 대개 공무원들이 자신의 이름이 외부로 나가는 것을 극히 꺼린다는 점에서 이는 매우 이례적이었다. 특히 정부기록보존소에서 연구관으로 일하던 곽건홍은 정부기록보존소의 비전문성에 대해서 강하게 비판하는 글을 『한겨레』에 기고하여 파문을 일으켰다. 이 기고문은 정부기록보존소의 당시 상황이 어땠는지 생생하게 보여준다.

　(…) 공공기록물법 시행 이후 3년 동안 개혁프로그램은 제대로 가동되지 못했

다. 이렇게 된 주요 원인은 국가기록관리를 통할하는 중앙기록물관리기관(행정자치부 정부기록보존소)의 낮은 위상과 전문성 부재에서 찾을 수 있다. 국가기록을 관리하는 정부기록보존소는 우리 시대의 기억을 미래에 전하는 문화기관이다. 이사관 또는 부이사관이 담당하도록 되어 있는 정부기록보존소장은 지난 3년 동안 네 차례나 교체되어 국가기록관리 정책의 일관성과 전문성, 개혁에 많은 문제점을 노정했다.

따라서 국가기록관리체제 개혁은 전문성과 개혁성을 갖춘 기록관리 전문가를 중앙기록물관리기관장에 임용하는 것에서 시작해야만 한다. '죽은 기록과 유물'을 관리하고 보존하는 국립중앙박물관장은 해당 분야의 전문가가 맡고 있다. 그러나 가까운 미래에 우리 시대의 역사가 될 '산 기록'을 관리하는 중앙기록물관리기관장에는 왜 계속 비전문가가 임용되어야 하는가.

조직과 인적 구성을 변화시키는 시스템의 개혁이 없는 한 우리 시대를 상징하는 기록 가운데 하나인 대통령기록은 절대로 남겨질 수 없다. 차기 정부에서 국가기록관리체제를 개혁하려는 의지가 있는지 여부는 중앙기록물관리기관장 인사를 지켜보면 알 수 있을 것이다. 더 이상 '기록이 없는 시대'를 반복해서는 안 된다. 이제 우리는 국가기록관리체제 개혁의 출발점에 서서, 기록이 남지 않으면 우리 시대의 역사는 없다고 선언해야만 한다. 그것이 같은 시대를 살고 있는 사람들의 시대적 소명이다.

곽건홍/정부기록보존소 학예연구관*

---

* 곽건홍, 「대통령기록을 제대로 남기자」, 『한겨레』 2003. 2. 19.

현직에서 일하던 연구관이 자신의 기관장을 비판할 정도로 당시 정부기록보존소는 중앙기록물관리기관으로 위상을 잡지 못했고, 전문성에도 문제가 많았다. 이런 기관이었던 정부기록보존소는 노무현 대통령이 기록관리 혁신을 시작하면서 1급 기관이 되었고 명칭도 국가기록원으로 바뀌었다. 많은 공무원들이 승진했고 예산은 비교할 수 없을 정도로 많아졌으며, 300명이 넘는 조직으로 발전했다.

이런 역사를 가지고 있는 국가기록원이 이제 퇴임한 지 6개월밖에 되지 않은 전직 대통령을 정부기관으로서는 강도 높게 비판하고 고발까지 한 것이다. 이 고발은 참여정부 비서진들을 대상으로 한 것이지만 사실상 노무현 전 대통령을 겨냥하고 있었다. 나도 가끔 곰곰이 생각해 본다. 공공기관 조직의 일원으로 저런 지시를 받으면 어떻게 해야 할까? 과연 상부의 지시를 거절할 수 있다고 자신할 수 있는 사람이 얼마나 될까? 불과 6개월 전만 하더라도 '기록대통령'이라고 치켜세우던 손으로 고발장을 작성하는 모습을 보면서 권력의 비정한 모습을 보는 것 같아 힘들었다.

이명박 정부는 정치권을 이용하거나 대통령비서실이 직접 나서서 고발할 수도 있는데 왜 국가기록원을 통해 고발한 것일까? 나는 국가기록원이 스스로 나서서 한 것이 아니라고 판단한다. 내부의 의사 결정은 여전히 알 수 없지만, 이 고발은 참여정부의 기록관리 혁신 업적을 무너뜨리려고 한 의도가 분명해 보인다.

대통령지정기록물에 대한 검찰의 영장 청구

국가기록원이 노무현 전 대통령비서실 관계자들을 고발하자 검찰은 발빠르게 움직였다. 검찰은 고발장이 접수된 후 대통령지정기록물을 포함한 하드디스크 전체에 대해서 고등법원으로부터 압수수색 영장을 발부받았다. 사실상 대통령기록관에 보존하고 있는 34만여 건의 노무현 전 대통령의 지정기록물에 대한 보호 방안이 없어진 것이다. 대통령지정기록물은 대통령기록물법에서 가장 핵심적이고 중추적인 기록이다. 그런데 법이 시행된 지 1년 만에 제도가 존립의 위기를 겪고 있었다.

여기서 대통령지정기록물에 대해서 다시 살펴볼 필요가 있다. 대통령지정기록물은 대통령기록물법 제17조에 근거를 둔 제도이다. 법령에 따른 군사·외교·통일에 관한 비밀기록물, 대내외 경제정책이나 무역거래 및 재정에 관한 기록물, 정무직공무원 등의 인사에 관한 기록물, 개인의 사생활에 관한 기록물, 대통령과 대통령의 보좌기관 및 자문기관의 의사소통기록물, 대통령의 정치적 견해나 입장을 표현한 기록물로서 국가안전보장에 대한 위험, 정치적 혼란 등의 이유로 공개가 부적절한 기록물을 15년에서 최장 30년까지 외부로 공개할 수 없도록 했다. 또한 대통령지정기록물은 오직 이 기록을 생산한 해당 대통령만 열람할 수 있도록 하고 있다.*

---

* 대통령기록물법 제18조(전직 대통령에 의한 열람) ① 대통령기록관의 장은 제17조 제4항에도

예외적 공개를 위한 규정도 마련했는데, 국회 재적의원 3분의 2 이상의 찬성 의결, 관할 고등법원장이 해당 대통령지정기록물이 중요한 증거에 해당한다고 판단하여 발부한 영장이 제시된 경우, 대통령기록관 직원이 기록관리 업무수행상 필요에 따라 대통령기록관장의 사전 승인을 받은 경우에 한해 제한적으로 공개할 수 있도록 했다.

이 제도를 처음 만들 때 시민사회에서도 일부 반대가 있었다. 비공개의 범위가 너무 넓고, 공개할 수 있는 방법도 제약이 너무 지나치다는 비판이었다. 그럼에도 대통령지정기록물 제도는 반드시 필요했다. 기록은 이중적인 모습을 가지고 있어서, 자신에게 불리한 기록은 남기지 않거나 파기하는 것이 보통 인간의 본성이다. 언제 공개될지 모르는 기록을 누가 남기려고 하겠는가. 조선시대 왕들도 사관들이 기록한 사초를 보려고 했지만, 사관들은 제대로 된 기록을 남기기 위해 목숨을 걸고 사초를 지켰다.

이는 곧 전직 대통령들이 대통령지정기록물로 지정할 만한 기록들은 거의 남겨두지 않았다는 얘기가 된다. 대통령직의 특성상 기록을 생산하지 않으면 강제할 방법도 없고, 설사 만들어진 기록이라도 폐기해 버리면 외부에서 인지하기가 어렵다. 그런 이유로 대

불구하고 전직 대통령이 재임 시 생산한 대통령기록물에 대하여 열람하려는 경우에는 열람에 필요한 편의를 제공하는 등 이에 적극 협조하여야 하며, 편의 제공에 관한 협의 진행상황 및 편의 제공의 내용 등을 문서로 기록하여 별도로 관리하여야 한다.

통령지정기록물 제도는 정치권과 시민사회의 합의로 탄생한 것이다. 이런 취지로 만들어진 법안의 잉크가 마르기도 전에 검찰은 34만 건 전체에 대해 고등법원에 압수수색 영장을 청구했고, 법원에서는 이를 필요한 부분만 인정하고 나머지는 당연히 기각해야 함에도 전체 기록에 대해 영장을 발부했다.

대통령기록물법 제17조에 영장을 청구할 수 있는 범위를 보면 단서조항으로 "관할 고등법원장은 열람, 사본제작 및 자료제출이 국가안전보장에 중대한 위험을 초래하거나 외교관계 및 국민경제의 안정을 심대하게 저해할 우려가 있다고 판단하는 경우 등에는 영장을 발부하여서는 아니 된다"라고 적시하고 있다. 이 조항에는, 대통령지정기록물이 중요한 증거라 하더라도 국가안전보장 및 외교관계, 그리고 국민경제의 안정을 저해할 가능성이 높을 때에는 영장을 발부하지 않을 수 있고, 영장을 발부하더라도 그 범위를 최소화하라는 입법 정신이 들어 있다. 한 장의 영장으로 전체 대통령지정기록물에 대해서 압수수색을 할 수 있는지도 의문이지만, 34만여 건의 지정기록물 중에 위와 같은 사항에 해당하는 민감한 기록이 있으면 어떻게 할지 통탄할 노릇이었다.*

이 영장 청구에 대해, 현직에서 일하던 기록관리전문요원이 언론을 통해 공개 비판을 했다. 참여정부 대통령비서실에서 근무했고, 글을 쓰던 당시 교육과학기술부 기록연구사였던 조영삼은 『한겨

---

* 전진한, 「대한민국 '판도라 상자' 강제로 열리고 있다」, 『오마이뉴스』 2008. 8. 22.

레』기고를 통해 다음과 같이 비판했다.*

'대통령지정기록 제도'가 위협받고 있다. 최근 봉하마을 기록 유출과 관련해 현 정부가 보여 온 일련의 대응과 행태는 결국 노무현 전 대통령의 지정기록을 보기 위한 의도로 여겨진다. 현 정부는 '판도라의 상자'를 열고 싶은 강렬한 유혹을 느끼겠지만, 그 뒤 다가올 여러 부작용은 온전히 국민들의 몫이다.

(…)

국가기록원은 또 현 대통령기록관장을 고발하고 그의 직무를 정지시켰다. 대통령기록물법은 대통령기록관장에게 5년의 임기를 보장하고 있다. 짧지 않은 임기를 보장한 것은 일반적인 기록관리 업무를 수행하는 것도 있지만 정권이 바뀌어도 독립적으로 대통령지정기록 보호 임무를 수행토록 하기 위함이다. 대통령기록물법은 대통령기록관장에게 대통령지정기록의 보호조처를 해제할 수 있도록 정하고 있는데, 이는 대통령기록관장이 대통령지정기록의 관리를 수행하는 책임자라는 의미이다. 그 역할을 하는 대통령기록관장을 고발하고 직무를 정지시킨 것은 현 정부에서 임명한 관장을 통해 대통령지정기록을 들춰 보겠다는 의도로 받아들일 수밖에 없다.

대통령지정기록 보호장치가 무너지게 되면 정치적으로 민감한 기록이 공개돼 당장 정쟁의 도구로 이용될 뿐만 아니라, 필연적으로 대통령기록의 생산과 보존에도 부정적 영향을 주게 된다. 지정기록 보호제도가 없었던 참여정부 이전의 역대 대통령기록이 33만여 건에 불과한 것은 기록이 적게 생산된 게 아

---

* 조영삼, 「대통령지정기록 반드시 보호되어야」, 『한겨레』 2008. 7. 31.

니라 그만큼만 이관·보존됐다는 뜻이다. 정권 교체 후 정쟁의 소지가 될 게 뻔하니까 보존해야 할 역사적 기록을 불태우거나 파쇄했던 것이다. 대통령기록 보호체계가 무너지면 정권 말에 이런 무단폐기가 부활할 것은 명약관화하다. 국민들에게는 구제금융 사태를 겪고도 관련 기록이 없어 누구에게도 책임을 묻지 못한 불행한 역사가 반복되는 것이다. (…)

이 사안은 현직 기록관리전문요원이 검찰의 영장 청구와 법원의 영장 발부를 비판할 정도로 큰 사건이었다. 대통령지정기록물은 국회의원 3분의 2 동의가 있어도 겨우 열람할 수 있을 정도인데, 검찰의 영장 한 장으로 전체 대통령지정기록물을 압수수색한다는 것은 법의 취지를 보더라도 과도한 일이었다. 한 언론에서는 검찰이 노 전 대통령이 퇴임 후 열람한 기록물을 중심으로 모두 30여 건을 출력해 열람했으며, 기록물 열람 요청을 받은 대통령기록관 내부에서는 검찰이 굳이 수사 목적과 다른 기록물 내용까지 확인할 이유가 없다며 강력하게 반발했다고 보도하여 파문이 일어나기도 했다.*

검찰의 수사는 언론에 실시간으로 보도될 정도로 예민했다. 검찰에서도 비판 여론을 의식해서인지 영장 청구에 대해 노 전 대통령이 봉하마을로 가져갔다가 반납한 하드디스크 자료가 대통령기록관에 보존된 하드디스크와 일치하는지 시리얼 넘버 등을 비교 분석하기 위한 것이라고 밝혔다. 이는 봉하마을 측에서 가져간 것

---

* 「검찰, '대통령지정기록물 열람' 강행 논란」, 〈KBS 뉴스〉 2008. 9. 25.

중에 대통령기록관에 보존되어 있지 않은 것들을 검증하겠다는 뜻이다. 만약 봉하마을로 가져간 하드디스크에서 대통령기록관에 보존되어 있지 않은 추가적인 기록이 나온다면 심각한 문제가 될 수 있었다.

당시 언론에서는 봉하마을로 가져간 하드디스크를 '원본'이라고 지칭하며 보도를 했다. 노무현 대통령이 생산했고 가져갔으니 원본이라는 논리였다. 그러면 전자기록에 원본이라는 개념이 존재하는지 알아보자. 종이기록은 내용·서명·관인 등을 확인해 원본을 판별하기가 비교적 쉽고 장기 보존이 상대적으로 쉬운 매체이기 때문에 '원본'이라는 개념을 쉽게 받아들일 수 있다. 종이기록의 경우 원본 및 사본의 개념이 매우 중요하다.

전자기록은 종이기록과는 완전히 다른 성질을 가지는데, 예를 들면 생산과 동시에 지속적으로 변화하며(바이트의 변화 등), 물리적으로 없어질 가능성이 있고(파일 자체가 삭제될 가능성), 내용을 복제하는 것 역시 매우 수월한 편이다. 또한 결정적으로 문서의 증거 능력을 입증하는 요소가 내용과 별도의 구조와 기술적 장치로 분리되어 있다. 컴퓨터로 문서를 작성하고 이를 USB로 복제한 뒤, 다시 이메일로 보낸다면 어떤 문서가 원본이 되는지 사실상 구별하기 힘들다는 얘기다.

전자기록의 원본은 존재하더라도 아주 일시적으로 존재할 뿐이고 원본 개념은 사실상 불가능하다는 것이 기록학계의 정설이다. 그래서 전자기록에는 '원본' 개념 대신 '진본'과 '사본' 개념만 존재

한다고 가르치고 있다. 전자기록의 경우 합법적인 기관에서 권한을 가지고 보존했느냐 여부가 대단히 중요하고, 그에 따라 '정당한 변환'을 거쳐야만 진정성을 갖춘 '진본'으로 인정받는다. 다시 말하면 e지원 시스템의 경우 대통령기록관에 없는 내용을 봉하마을로 유출하지 않았다면, 관리 권한을 가지고 있는 대통령기록관에 있는 기록이 전부 대통령 진본이 되고 봉하마을에 있던 e지원 기록은 사본이 되는 것이다.

따라서 검찰은 봉하마을로 가져간 대통령기록 사본이 대통령기록물법 제14조 "누구든지 무단으로 대통령기록물을 파기·손상·은닉·멸실 또는 유출하거나 국외로 반출하여서는 아니 된다"는 규정에 적용되는지 판단하면 될 문제였다. 그리고 대통령기록관에서 관리되고 있던 e지원과 봉하마을의 e지원이 동일본이라는 것만 확인하면 되는데, 검찰이 대통령지정기록물 전체에 대해서 영장을 청구한 것은 과도한 수사라는 비판을 면하기 어려웠다. 결국 검찰은 두 e지원이 동일한 것으로 결론을 내렸고, 검찰의 수사는 용두사미로 끝날 가능성이 컸다.

문제는 이 사건 이후부터 노무현 대통령이 남겨둔 대통령지정기록물의 서련이 시작된다는 점이다. 참여정부와 관련된 사건이 터질 때마다 여야를 가리지 않고 대통령지정기록물을 공개하자고 했고, 기록학계 및 역사학계에서는 공개하면 온전한 대통령기록을 남기는 문화가 사라진다고 비판했다. 정보공개 활동가인 나도 이때부터 대통령기록을 공개하자는 말보다 보호하고 비공개해야 한다는 말을 더 많이 한 것 같다. 세계적으로 정보공개 활동가가 정부의 기록을 비공개하자고 더 많이 주장하는 나라가 있는지 궁금하다. 나는 정보공개 활동가로서의 정체성이 흔들리는 것을 느꼈다.

대통령기록관장의 교체

노무현 대통령은 봉하마을 기록 유출 사건으로 정치적 타격을 받았고, 개인적으로 큰 상처를 받은 듯했다. 노무현 대통령은 이런 현실을 참을 수 없었는지 이명박 대통령에게 공개적인 편지를 썼다. 자신의 답답한 심정을 편지로 쓴 것이다.

이명박 대통령께 드리는 편지

이명박 대통령님, 기록 사본은 돌려드리겠습니다.

사리를 가지고 다투어 보고 싶었습니다. 법리를 가지고 다투어 볼 여지도 있다고 생각했습니다. 열람권을 보장받기 위하여 협상이라도 해 보고 싶었습니다. 그래서 버티었습니다.

모두 나의 지시로 비롯된 일이니 설사 법적 절차에 들어가더라도 내가 감당하면 될 것이라고 생각했습니다. 그런데 이미 퇴직한 비서관, 행정관 7~8명을 고발하겠다고 하는 마당이니 내가 어떻게 더 버티겠습니까? 내 지시를 따랐던, 힘없는 사람들이 어떤 고초를 당할지 알 수 없는 마당이니 더 버틸 수가 없습니다.

이명박 대통령님, 모두 내가 지시해서 생겨난 일입니다. 나에게 책임을 묻되, 힘없는 실무자들을 희생양으로 삼는 일은 없도록 해 주시기 바랍니다. 기록은 국가기록원에 돌려드리겠습니다.

(…)

이명박 대통령님, 질문 하나 드리겠습니다. 기록을 보고 싶을 때마다 전직 대통령이 천릿길을 달려 국가기록원으로 가야 합니까? 그렇게 하는 것이 정보화 시대에 맞는 열람의 방법입니까? 그렇게 하는 것이 전직 대통령 문화에 맞는 방법입니까? 이명박 대통령은 앞으로 그렇게 하실 것입니까? 적절한 서비스가 될 때까지 기록 사본을 내가 가지고 있으면 정말 큰일이 나는 것 맞습니까?

지금 대통령기록관에는 서비스 준비가 잘 되고 있는 것으로 알고 있습니까? 언제쯤 서비스가 될 것인지 한번 확인해 보셨습니까? 내가 볼 수 있게 되어 있는 나의 국정 기록을 내가 보는 것이 왜 그렇게 못마땅한 것입니까?

공작에는 밝으나 정치를 모르는 참모들이 쓴 정치 소설은 전혀 근거 없는 공상 소설입니다. 그리고 그런 일이 기록에 달려 있는 것은 더욱 아닙니다.

이명박 대통령님, 우리 경제가 진짜 위기라는 글들은 읽고 계신지요? 참여정부 시절의 경제를 '파탄'이라고 하던 사람들이 지금 이 위기를 어떻게 규정하고 있는지 모르지만, 아무튼 지금은 대통령의 참모들이 전직 대통령과 정치 게임이나 하고 있을 때가 아니라는 사실 정도는 잘 알고 계시리라 믿습니다.

저는 두려운 마음으로 이 싸움에서 물러섭니다. 하느님께서 큰 지혜를 내리시기를 기원합니다.

이 편지를 끝으로 노무현 대통령은 사실상 백기를 들었다. 사태는 마무리되는 것 같았지만 이명박 정부는 한번 잡은 승기를 놓치지 않았다. 국가기록원이 참여정부 참모진을 고발하고, 대통령기록관장으로 재직 중이던 임상경은 직무정지를 당했다. 법원에서 확정판결을 받은 것도, 검찰에서 기소한 것도 아닌 단순히 고발을 당했다는 것만으로 공무원이 직무정지를 당하는 경우는 사실상 없다. 더군다나 대통령기록관장의 임기는 정치적 중립 보장을 위해 대통령기록물법에 5년으로 보장되어 있다.

참여연대에서 활동가로 일할 때, 많은 공직자를 고발해 보았지만 직무정지가 되었던 사례는 단 한 건도 볼 수 없었다. 심지어 모 공공기관의 장은 비리 혐의와 증거가 고발장에 정확히 적시되어 있는데도 그 직무를 그대로 수행한 적도 있다. 당시 관련 내부고발자는 인사보복을 당했지만 정부에서 별다른 조처를 하지 않았다. 그랬던 정부가 왜 이 건은 고발을 당하자마자 직무정지를 시키는지 이해할수가 없었다. 결국 임상경은 노무현 대통령 서거 이후 기소유예 처분을 받았고, 다시 2013년 1월 행정소송에서 최종 직무정지가 무효라는 판결을 받았다. 법과 관례를 무시한, 참여정부 색깔 지우기이자 밀어붙이기였다.

이명박 측근 대통령기록관장 임명

2010년 3월 15일 행정안전부는 이명박 정부 대통령비서실 행정관을 역임했던 김선진을 국가기록원 대통령기록관장으로 임명했다. 이 인사는 많은 기록관리 전문가들의 공분을 자아냈다. 대통령기록물법은 현직 대통령의 기록을 관리하는 것이 아니라 전직 대통령의 기록을 관리하는 것이기 때문이다. 이명박 정부 비서진 출신이 노무현 대통령기록을 관리하는 이상한 일이 벌어진 것이다.

왜 이런 인사가 문제인지 살펴보자. 먼저 이것은 대통령지정기록물이 보호받지 못할 가능성이 커졌다는 것을 의미한다. 대통령지정기록물은 앞에서도 밝혔듯이 국회 재적의원 3분의 2의 동의나 고등법원장의 영장이 있어야만 열람할 수 있도록 제도로써 엄격히 보호하고 있다. 또한 세부 조항에서는 "대통령기록관 직원이 기록관리 업무수행상 필요에 따라 대통령기록관장의 사전 승인을 받은 경우"에 한해 기록을 볼 수 있도록 하고 있다. 이 조항을 악용하면 어떤 일이 벌어질 수 있을까?

대통령기록관장은 업무수행상 대통령지정기록물을 포함해 대통령기록 전체를 관리하고 열람할 수 있는 권한이 있다. 대통령지정기록물에는 정치적으로 민감한 기록들이 가득하고, 마음먹기에 따라 이것을 자신의 정치적 목적을 위해 사용할 수도 있다. 2007년 대통령선거에서 남북정상회담 대화록 내용이 유출된 것은 우연히 발생한 일이 아니다. 누군가에 의해 유출되어 정치적으로 이용된 사례다. 유출된 대화록을 유세장에서 공개적으로 읽은 정치인들은 '찌라시'에서 본 내용이라고 주장했지만 그 말을 믿을 사람은 아무도 없다. 기록을 정치적 목적으로 사용한다면, 기록은 역사적 증거가 아니라 사회적 혼란만 가중시키는 도구가 될 것이다. 이런 이유로 전임 대통령이 임명한 인사가 후임 정권이 끝날 때까지 기록을 보호할 수 있도록 법률에 임기를 보장하고 있다.

이런 부작용 이외에 전직 대통령의 비공개기록에 대하여 정보공개청구나 소송이 제기될 경우 비공개 처분 이유를 제대로 설명하지 못할 가능성이 커진다. 기록의 관리자는 기록을 단순히 보존하는 것이 아니라 기록의 맥락과 생산 과정 전체를 이해하고 있어야 한다. 기록은 도서와 달라 각 건마다 따로 해석하는 것이 불가능하다. 그 기록이 어떤 맥락에서 생산되었는지 유기적으로 파악하고 있어야 정보공개 대응도 가능하다. 참여정부 대통령기록의 정보 민감성을 외부 사람들이 어떻게 파악한다는 말인가. 게다가 당시 대통령기록관 직원들 중 참여정부 시절 대통령비서실에서 일했던 직원들은 인사이동 조치를 당해 남아 있지 않았다. 상황이 이렇다 보니, 체계적인 대통령기록관리는 기대할 수도 없고 단지 보관만 할 뿐이었다. 이런 이명박 정부의 비상식적인 인사는 법률에도 맞지 않았고 이제 갓 시작된 대통령기록제도를 정착시키기도 전에 망가뜨리는 행위였다.

대통령기록 유출 사건의 정리

앞에서 복잡한 설명을 덧붙였지만, 이 사건은 뜻밖에 단순하다. 노무현 대통령은 자신이 생산한 기록을 매우 자랑스러워했고, 이를 바탕으로 대통령 재임 중에 느꼈던 문제들을 책으로 정리하려고 했다. 문제는 전직 대통령으로는 처음으로 서울이 아닌 고향 봉하마을로 내려가 여생을 보내려고 했다는 점이다. 이 과정에서 e지원을 통해 생산한 기록 한 부를 복사해서 가져갔을 뿐이다. 이 단순한 생각이 엄청난 사회적 파장을 낳았다. 그 결과 청와대와 여권은 국기 문란 등 온갖 언어를 동원해 노무현 대통령을 공격했다. 이명박 정부는 광우병 사태로 벌어진 각종 비판을 이 사건으로 역전할 수 있었다. 불행히도 이 사건은 노부현 대통령이 스스로 생을 마감하는 첫 계기가 된다. 스스로 법안을 만들고 체계적인 기록을 생산한 대통령이었지만, 오히려 그것 때문에 모욕과 공격을 당했다는 것이 감당할 수 없는 고통으로 다가왔을 것이다. 문제는 여기서 끝이 아니었다. 이명박 정부는 임기 내내 노무현 대통령이 생산한 기록으로 공격을 했고, 야당은 제대로 대응을 하지 못한 채 우왕좌왕했다.

감사원의 감사 기록 폐기

참여정부의 기록 문제에 대해서는 민감하던 국가기록원과 검찰이 다른 기록 관련 사건들은 철저히 외면하는 이중성을 보였다. 2008년 쌀 직불금 사태가 터졌다. '쌀 직불금'이란 '쌀소득 등 보전 직접지불금'의 줄인 말인데, 2005년부터 시행한 사업으로서 농지를 실제 경작하는 농업인의 소득을 일정 수준으로 보장하기 위하여 보조금을 지급하는 제도이다. 목표 가격을 설정하고, 목표 가격과 당해 연도 수확기의 전국 평균 쌀값의 차액 가운데 85퍼센트를 직접지불로 보전함으로써 쌀 농가의 안정을 도모하기 위하여 도입되었다.

2008년 쌀 직불금 사태의 발단이 된 이봉화 전 보건복지가족부 차관은 쌀 직불금을 부당 수령했다는 의혹이 사실로 확인되어 7개월 만에 낙마하였다. 이 전 차관은 직접 농사를 지었다는 '자경확인서'를 관할 구청에 제출했지만 해당 농지가 있는 경기도 안성에 거주하지 않은 사실이 드러났다. 문제는 이 전 차관과 비슷한 수법으로 쌀 직불금을 받아간 공무원이 수없이 많았다는 것이다.

그런데 감사원이 쌀 직불금 부정 수급 의심자로 추려냈던 17만여 명에 대해 감사를 진행하던 중 의심자 명단을 모두 폐기한 것으로 확인되어 사회적 파문이 더욱 커졌다. 감사원은 이런 의혹에 대해 개인정보 유출 우려 때문에 감사관 입회하에 17만여 명에 대한 정보를 모두 삭제했다고 밝혔다. 감사원은 감사 목적이 직불금 부당 수급 방지를 위한 제도 개선에 있었고, 명단은 이를 위한 통계 작성에만 활용하려고 했기 때문에 폐기했다고 해명하기도 했다. 문제는 공공기록물법상 모든 공공기록은 기록물관리 전문요원의 심사와 기록물평가심의회를 거쳐 폐기하도록 되어 있다는 점이다. 감사관이 입회한다고 기록물을 합법적으로 폐기할 수 있는 것이 아니다. 오히려 이 폐기 행위가 더 큰 비판을 받게 된다. 쌀 직불금 부당수령 가능성이 있는 명단을 입수하고도 이를 폐기했다면, 사건 은폐 목적이 있었던 것 아니냐는 비판이 있었다.

검찰이나 국가기록원에게는 감사원의 쌀 직불금 명단 무단폐기가 노무현 전 대통령 사태보다 훨씬 더 중요한 일이다. 참여정부 관계자들을 고발했던 국가기록원이라면 감사원 사태와 관련해서도 감사원 관계자들을 검찰에 고발하는 것이 정당한 조치이다. 하지만 국가기록원도 검찰도 아무런 조치를 취하지 않았다. 감사원의 감사기록 무단폐기와, 전직 대통령의 열람권 확보를 위해 e지원 시스템을 복사한 것 중 어느 것이 더 심각한 사건인지 상식이 있는 사람이라면 다 알 수 있는 문제다. 이후에도 국가기록원이 기록 폐기 논란의 당사자를 검찰에 고발한 사례는 없었다. 유독 노무현 대통령과 관련된 사안에 대해서만 고발한 것이다.

국회의 대통령지정기록물 공개

감사원 문제가 참여정부 시절에 이루어졌고, 감사원의 쌀 직불금 감사 결과를 정권(참여정부) 차원에서 은폐하려 했다는 주장이 있었는데, 이는 결국 노무현 대통령이 지시했느냐 여부를 두고 정치공

방이 이루어졌다. 이 논의와 함께 2007년 참여정부의 '쌀 직불금 관련 청와대 관계 장관 대책회의 보고서'가 대통령지정기록물로 묶여 있으니 이것을 열람해 사건을 조사하자는 의견이 나왔다.* 당시 쌀 직불금 문제는 사회적 관심도가 높아 자료를 공개해야 한다는 여론이 있었다. 이런 여론을 의식해 노무현 대통령도 관련 자료를 공개하는 것에 동의했고, 이후 노 전 대통령이 스스로 대통령지정기록물을 공개하겠다고 언론을 통해 발표까지 했다.

대통령기록물법 제17조에는 "대통령기록관의 장은 전직 대통령 또는 전직 대통령이 지정한 대리인이 제18조에 따라 열람한 내용 중 비밀이 아닌 내용을 출판물 또는 언론매체 등을 통하여 공표함으로 인하여 사실상 보호의 필요성이 없어졌다고 인정되는 대통령지정기록물에 대하여는 전문위원회의 심의를 거쳐 보호조치를 해제할 수 있다"고 나와 있다. 대통령기록관의 장에게 전직 대통령의 대통령지정기록물을 해제할 수 있는 권한과 권리가 있다고 규정하고 있는 것이다.

정치권에서 논란이 일어나자 노무현 대통령이 그 기록을 확인시켜주겠다고 하면서 일이 마무리될 것 같더니, 새로운 공방이 벌어졌다. 당시 한나라당은 "참여정부의 대통령기록물은 국가기록원에 이관돼 있지, 노 전 대통령이 보유하고 있지 않다"며 "또 대통령기록물은 사유물이 아니고 국가 소유이기 때문에 노 전 대통령은 공

---

* 최혜정, 「노 전 대통령 '직불금 기록물' 공개 권한 놓고 여야 공방」, 『한겨레』 2008. 11. 25.

개할 권한도 없고 비밀보호를 해제할 권한도 없다"고 주장을 했다. 대통령기록물법에 전직 대통령의 열람권과 열람한 내용을 언론을 통해 공개할 수 있는 권한이 명시되어 있는데도, 이를 애써 무시한 것이다. 노무현 대통령을 못 믿겠다는 주장이었다.

노무현 대통령이 공개하겠다고 했지만, 결국 '쌀 직불금 관련 청와대 관계 장관 대책회의 보고서'와 회의록 등 관련 자료 제출 요구안이 2008년 12월 2일 국회 본회의에서 재적의원 247명 중 찬성 212명, 반대 9명, 기권 26명으로 통과되어 버렸다.* 노무현 대통령이 공개하겠다고 했는데, 왜 이를 무시하고 국회에서 통과시켰을까? 아무리 생각해도 이해할 수 없다. 회의록에는 별다른 내용이 없는 것으로 드러나 이 논쟁은 흐지부지 끝나버렸다. 정치권의 코미디 같은 일이 여기서 끝났다면 비극은 줄어들었을 것이다. 하지만 더 큰 것이 기다리고 있었다.

남북정상회담 대화록 유출

봉하마을 유출 사건 등 검찰이 노무현 대통령과 관련된 각종 혐의를 조사하던 중 2009년 5월 23일 노무현 대통령이 서거했다. 우리 현대사의 가장 비극적인 사건이자 불행한 일이 벌어진 것이다.

---

* 전진한, 「'노무현 기록물' 난도질한 국회, 후유증 책임질 수 있나」, 『오마이뉴스』 2008. 12. 3.

많은 시민들이 장례 기간 동안 함께 애도했고 힘들어 했다. 운구가 서울시청을 지날 때 슬퍼하던 시민들의 모습을 잊을 수 없다. 전직 대통령이 스스로 생을 마무리했으니, 남은 사람들은 그가 남겨둔 정치적 유산과 철학을 공유하고 정리해야 했다. 하지만 우리 정치 현실은 그러지 못했다. 그저 정치적으로 필요할 때만 저승에 간 사람을 다시 끌고 올 뿐이었다.

애도의 기간은 길지 않았다. 2012년 제18대 대통령선거를 앞두고 새누리당 정문헌 의원이 남북정상회담 대화록을 열람한 결과 노무현 대통령이 김정일 국방위원장에게 NLL(북방한계선)을 포기하는 발언을 했다는 의혹을 제기했다. 정문헌 의원은 외교통상부 국정감사에서 "대화록에 따르면, 노 전 대통령은 김정일에게 'NLL 때문에 골치 아프다. 미국이 땅따먹기 하려고 제멋대로 그은 선이니까. 남측은 앞으로 NLL을 주장하지 않을 것이며 공동어로 활동을 하면 NLL 문제는 자연스럽게 사라질 것'이라고 구두 약속을 해줬다"고 주장했다.*

정문헌 의원은 그 뒤로도 기자회견을 열고 "노 전 대통령이 서해 NLL과 관련해 영토주권 포기 발언을 한 것은 사실"이라며, 사실이 아닐 경우 정치 생명을 걸겠다는 발언을 했다. 이 발언의 파장은 엄청났다. 대선뿐만 아니라 우리 사회에 극심한 갈등을 일으키는 원인이 된다. 결국 2014년 11월 23일 서울중앙지방법원 형사합의26

---

* 황방열, 「노무현, 김정일에 'NLL 미국이 땅따먹기로 그어'」, 『오마이뉴스』 2012. 10. 8.

부(부장판사 김우수)는 정 의원에 대해 '공공기록물 관리에 관한 법률' 위반 혐의를 인정하고 벌금 천만 원을 선고했다. 재판부는 "이 사건 범행은 장기간에 걸쳐 정치·사회적 논란과 대립을 야기했고, (정상회담 대화록 공개로) 외교 신인도에 손상을 초래했다"고 지적하며, '정상회담 대화록 공개'라는 잘못된 사례가 남은 만큼 "향후 남북 정상 간 회담 개최 결정 및 회담 과정에서 남북 정상 모두에게 큰 부담을 안겨 줄 여지도 있다"고 판결 이유를 밝혔다.* 하지만 선거법 위반이 아니기에 정문헌 의원은 19대 국회에서 국회의원직을 유지할 수 있었다.

김무성 새누리당 대표도 대선 유세 때 남북정상회담 대화록을 낭독하는 영상이 공개되어 논란이 일어났다. 도대체 당시 1급 비밀이 었던 이 대화록을 누가 전달해 준 것인지 아직도 밝혀지지 않고 있지만, 이것은 명백한 국기문란 사태이다. 국가의 존립을 위해 보호되어야 할 1급 비밀이 특정 정당의 대선 승리를 위해 쓰인다면, 국가의 미래는 우리가 상상할 수 없는 모습으로 망가질 것이 분명하다.

특히 정치적 중립과 국가의 비밀을 보호해야 할 공무원이 이와 관련되어 있다면 그 사태는 더욱 엄중하다. 사실 군인이나 공무원들이 자신의 미래를 위해 국가 기밀을 외부에 넘기는 일은 드물지 않다. 전직 공군참모총장과 외교대사까지 지냈던 인사는 군사무기 도입계획에 대한 영문 회의자료까지 만들어 미국 군수업체에 군사

---

* 박소희, 「NLL 논란 지핀 정문헌, '회의록 유출' 벌금 1천만 원」, 『오마이뉴스』 2014. 12. 23.

기밀을 넘기는 대가로 6년 동안 총 25억 원의 수수료를 챙겼지만 징역 10개월에 집행유예 2년만을 받았을 뿐이다.* 이런 솜방망이 판결이 반복되다 보니, 대선이나 총선 때 국가 기밀을 넘겨서라도 정치권에 줄을 서고 싶을 것이다.

남북정상회담 대화록 사태는 남재준 국가정보원장이 대화록을 공개하고 여야 합의로 대통령지정기록물을 열람했으나 대화록이 실종되는 등 2~3년 동안 극심한 갈등을 유발하는 출발점이 된다. 노무현 대통령은 서거 3년 만에 다시 정치권의 한가운데에 서게 된다.

여기서 정문헌 의원에 대해 알아볼 점이 있다. 비밀기록을 폭로해 사건의 중심에 섰던 그는 17대 국회에서 대통령기록물 제도를 입안한 당사자였다. 그는 2005년 11월 22일 대통령기록물법의 뼈대를 제공하는 예문춘추관법을 대표발의했다.**

이 법안은 제안 사유를 "대통령기록물의 생산·보존·관리 등의 체계를 정비하고 역사적 사료의 체계적 보존과 올바른 민족 역사의 편찬 등을 위한 별도의 법률을 마련하고, 독립성을 가진 별도의 기관으로 예문춘추관을 두어 이 업무를 맡게 하려는 것"과 "오늘 당대의 이러한 노력은 수천 년 이어온 찬란한 국정기록 문화의 전통

---

* 「'군사기밀' 빼돌려 25억 원 챙긴 전 공군총장 집행유예 확정」, MBN 2015. 1. 30.
** 이 법안에는 여야 의원 73명이 발의자로 참여했는데, 새누리당 김기춘, 홍준표, 이상득 등의 이름도 확인된다.

을 계승하는 것이며 바른 기록과 역사 편찬을 위한 법과 제도를 세워 민족정체성 형성에 기여하고 역사적 경계로 삼도록 하여 후세에 길이 남을 자랑스러운 귀감이 될 것"이라고 밝혔다. 나는 이 법안을 보고 그 내용과 체계에 감동을 받았다. 당시 한나라당에는 호감이 없었지만 대표발의한 정문헌 의원에게는 호감을 느낄 정도였다. 국회의원 중 이런 훌륭한 생각을 하는 사람도 있다고 칭찬을 하고 다녔다. 기록학계에서도 이 법안은 화제가 되었고, 법안의 초안을 잡은 사람이 누구인지 궁금해 했다.

현재의 대통령지정기록물 제도는 사실 예문춘추관법에서 만든 법안을 기초로 했다.

제27조(특정기록물)

① 대통령은 국가 이익을 위해 반드시 필요하다고 판단할 경우에 한하여 대통령기록물을 특정하여 공개 및 열람 그리고 자료제출이 가능한 시점을 따로 정할 수 있다. 이 경우 특정기록물의 지정은 최소한의 범위에 그쳐야 한다.

② 제1항의 규정에 의한 시점의 기준은 퇴임 즉시, 퇴임 후 각각 2년·5년·10년·30년 등으로 하며 최장 50년을 넘을 수 없다.

③ 특정기록물은 제1항이 정한 시점이 되기 전까지는 공개·열람되지 아니하며, 누구도 그 제출을 요구할 수 없다. 다만, 춘추관이 특정기록물을 효율적으로 관리·보존하기 위하여 필요한 경우, 그리고 해당 대통령이 형사상의 소추를 받아 그 증거로써 필요한 경우, 국회 재적의원 3분의 2의 찬성 의결이 이루어진 경우 등은 예외로 한다.

이 법안에서 가장 눈에 띄는 것은 '특정기록물'(현재는 대통령지정기록물)에 대해서는 최장 50년까지 비공개할 수 있도록 한 점이다. 심지어 법 초안에는 100년 동안 비공개하는 안이 포함되어 있었다. 이렇듯 정문헌 의원은 대통령기록을 생산하고 역사적으로 보존해야 한다는 생각을 깊게 하고 있었던 것으로 보인다.

여기서 알 수 있는 것은 대통령지정기록물 제도가 여야 합의로 만들어진 것이며, 법안의 대표발의를 한나라당이 주도해서 했다는 점이다. 2007년 이 법안은 정부안과 함께 '대통령기록물 관리에 관한 법률'로 제정된다. 대통령기록물법에서는 대통령지정기록물의 비공개 기간을 최장 15년(개인정보는 30년)으로 줄였다.

정치인이 자신의 신념을 유지하는 것이 그렇게 어려운 일일까. 대통령기록물에 대한 법안 제정을 사실상 주도했던 정문헌 의원은 불과 몇 년 후 비밀기록 공개를 요구하고 대통령지정기록물 제도를 무력화하는 데 앞장섰다. 기록전문가들은 이런 모순된 행동에 크게 분노했다. 정문헌 의원은 자신의 행위가 역사적으로 어떤 평가를 받을지 곰곰이 생각해 보아야 한다. 선거에서 승리하고 언론의 주목을 받는 것도 중요하다. 하지만 정치인들이 후세를 생각한다면 하지 말아야 할 것들이 반드시 있다. 미래를 위해 충실히 기록을 남기고 보전하려는 제도와 정신을 훼손하는 것도 그 중 하나라고 생각한다.

남재준의 결심 — 국정원의 1급 비밀 공개, 그 막전막후

2013년 6월 24일, 회의 참석 중에 요란스럽게 핸드폰이 울렸다. 회의 중이라 전화를 안 받았더니, 기자들에게 계속해서 문자가 왔다. 느낌이 좋지 않아 전화를 받아 보니, 기자들이 전하는 국회 상황을 믿을 수가 없었다. 국가정보원이 2007년 남북정상회담 대화록 전문을 공개했다는 것이다. 이 대화록은 노무현 대통령과 김정일 국방위원장의 10월 3일 오전 1차 회의와 오후 2차 회의의 내용을 담고 있었다.

놀라운 일이었다. 정보기관에서 보안업무규정상 1급 비밀*로 관리하던 문서를 스스로 공개하는 초유의 사태가 발생한 것이다. 비밀기록이 위키리크스나 공익제보자에 의해 공개된 것이 아니라 정보기관에 의해서 공개된 것이다.

비밀기록이란 무엇인지 살펴보자. 보안업무규정 제4조에는 1급 비밀을 "누설될 경우 대한민국과 외교관계가 단절되고 전쟁을 일으키며, 국가의 방위계획·정보활동 및 국가방위에 반드시 필요한 과학과 기술의 개발을 위태롭게 하는 등의 우려가 있는 비밀"이라고 규정하고 있다. 2급 비밀은 "누설될 경우 국가안전보장에 막대한 지장을 끼칠 우려가 있는 비밀"이라고 규정하고 있다. 이렇게 중요하고 민감한 문서이기에 공개에 대해서는 매우 제한적이다.

---

* 국정원은 처음에는 이 문서를 1급 비밀로 관리하다가, 2009년 2급 비밀로 등급을 낮췄다.

보안업무규정 제25조에는 중앙행정기관의 장이 비밀기록을 공개할 수 있는 기준을 "국가안전보장을 위하여 국민에게 긴급히 알려야 할 필요가 있다고 판단될 때"와 "공개함으로써 국가안전보장 또는 국가 이익에 현저한 도움이 된다고 판단될 때"로 제한하고 있다. 이것도 그냥 공개할 수 있는 것이 아니라 보안심사위원회의 심의를 거쳐야 하고, "1급 비밀의 공개에 관하여는 국가정보원장과 미리 협의"하도록 하고 있다. 즉 국정원장은 타 기관이 비밀기록을 공개할 때 심사를 하고 보안 유출을 방지해야 할 책무를 가지고 있는 것이다. 그런데 국정원(남재준 국정원장)은 모든 언론이 생중계하는 가운데 가장 민감한 남북정상회담 대화록 전문을 공개해 버렸다. 회담 당사자였던 북한의 동의도 없었다. 아무리 양보하더라도, 국정원이 직접 나서서 공개하는 일은 없어야 했다. 공개 방식도 공식적인 절차를 밟고 매우 신중하게 이루어져야 했다.

나는 서울시 정보공개심의위원을 맡고 있는데, 예민한 정보에 대해서 정보공개청구가 들어오면 정보공개심의회에서 평균 두 시간 이상 토론을 한다. 결정을 내린 후에도 담당 부서인 정보공개정책과에서 관련 부서와 협의하고, 그 공개 절차와 방식에 대해서도 논의를 한 뒤 공개하게 된다. 그런데 다른 기관도 아닌 국정원이 언론이 다 지켜보는 가운데 국회에서 비밀기록을 공개하는 퍼포먼스를 한 것이다.

국가정보원은 간단한 정보공개청구에도 비공개로 일관해 왔던 기관이다. 참여연대 정보공개사업단은 2005년 3월에 국정원에 '국가정보원이 생산하거나 타 기관으로부터 통보받은 연도별·급수별 비밀기록 건수'를 정보공개청구했다. 비밀의 내용이 아니라 단순한 통계치를 공개해 달라고 요구한 것이다. 이에 대해 국정원은 "국가 전체의 비밀 보유 현황에 대한 공개는 정보역량 노출 등 국가안보상 중대한 이익을 해할 우려가 있다"며 전부 비공개를 했다. 당시 참여연대는 비밀기록 현황은 '단순한 통계자료'로서 공개로 인해 국가안전보장·국방·통일·외교관계 등 국가안보상의 중대한 이익을 현저히 해할 우려가 없고, 그 자체로서 가치중립적이며, 비밀기록의 구체적인 사항을 파악할 수 있는 자료로 활용되기 어려운 것이어서 국가정보원의 비공개결정은 부당하다며 행정소송을 제기했다.

이런 국정원이 비밀기록인 남북정상회담 대화록 전체를 공개한 것은 자신들의 정체성을 부인한 것이다. 정보공개운동을 하던 나도 큰 충격을 받았다. "정보공개운동을 하는 활동가가 보안을 강조하는 국가정보원에 '당신들 그렇게 막 공개하면 안 된다'고 얘기하는 현실이 웃긴다. 비공개를 좋아하는 국가권력에게 기록 관련 전문가들이 '제발 공개하지 말고 대통령지정기록물을 잘 지켜 달라'고 말하는 것도 웃긴다"고 페이스북에 썼다. 정보공개 활동가로서 비애를 느낀다는 그 게시글을 보고 언론사가 인터뷰를 청하기도 했다.*

---

* 이성희, 「기록을 정쟁의 도구로 삼고 망가뜨린 것에 분노」, 『경향신문』 2013. 6. 26.

국정원은 단순한 수치를 공개해 달라는 정보공개청구에 대해서는 "국가안보상 중대한 이익을 해할 우려가 있다"며 비공개 처분을 하면서, 어떻게 비밀 정보 전체를 공개할 수 있는지 되묻지 않을 수 없다. 정보기관은 그 어떤 기관보다 신중해야 하며 국가의 안보를 위해 존재해야 하는데, 당시 모습은 정치권과 다르지 않았다.

사태의 파장은 컸다. 기록학계에서는 이 사태를 두고 '현대판 사화史禍'가 발생한 것이라고 논평했다. 기록학계는 "정치권은 입장이 다를지라도 여야를 막론하고 대통령지정기록물인 '회의록'의 공개를 주장하고 있는데, 이는 정쟁의 해소를 위하여 법치주의를 저버리는 행위로서 개탄하지 않을 수 없다. 정치권은 법치주의를 복원해야 하며, 불법행위는 즉각 수사하고 엄벌에 처함으로써, 금번의 사태를 대통령기록물 등 기록물관리를 정착시키고 강화하는 계기로 삼아야 한다. 국가기록원과 대통령기록관 또한 금번 사태에 능동적으로 대처하여 대통령기록물법과 공공기록물법의 법 정신이 향후 정착되는 계기가 되도록 힘써야 한다"고 주장했다. 국정원의 대화록 공개에 대해, 대통령선거 댓글 사건으로 궁지에 몰린 국정원이 반전을 노린 것이라는 전문가들의 비판도 이어졌다.*

국정원의 남북정상회담 대화록 공개로 여론이 좋지 않았다. "동사무소도 보안에 신경을 쓰는데, 국정원이 비밀기록을 공개했다는 게 참 놀랍더군요" 하고 말하는 공무원도 보았다. 공무원들도 이 사

---

* 조현호·정상근, 「국정원 또 공작정치… 결코 민심 못 얻을 것」, 『미디어오늘』 2013. 6. 26.

태가 상식적이지 않다는 것을 알고 있었다. 정보기관이 비밀기록을 스스로 공개하는 것은 세계적으로 유례가 없는 일이다.

결과적으로 좋은 점도 있었다. 국민들이 노무현, 김정일 양 정상 간의 대화를 가감 없이 볼 수 있었다. 대화록을 보면 노무현 대통령이 김정일 국방위원장에게 비굴한 태도를 보이지 않았다는 것을 알수 있다. 그러나 정상 간 예민한 대화를 당사자의 동의 없이 공개해 버리면 신뢰를 구축할 수 없고 합의 과정에서 나오는 얘기들도 정치적 논쟁이 될 수 있다.

이와 비교되는 사례가 있다. 2015년 12월 28일 한·일 양국은 외교장관회담을 개최하고 일본군 위안부 문제와 관련해 최종 합의안을 도출했다고 발표했다. 합의안에는 일본총리의 사과와 배상금 기금 조성이 포함되어 있었다. 그러나 이 합의안에 대해 위안부 피해자 할머니들과 많은 시민들이 분노했다. 이와 관련해 2015년 12월 28일 한·일 정상 간 통화가 이루어졌다.

민주사회를위한변호사모임(민변)은 2016년 1월 18일 위안부 관련 한·일 정상 간 통화 내용에 대해 정보공개를 청구했으나, 청와대가 '국익을 침해할 현저한 우려'를 내세워 비공개 처분을 내렸다고 밝혔다. 일본 외무성 누리집에 공개된 발언록에서 아베 총리는 위안부 문제가 1965년 한일청구권협정으로 최종적이고 완전하게 해결됐다는 입장은 변함이 없다고 박 대통령에게 말하는데, 이에 대해 박 대통령이 무슨 말을 했는지 비공개되어 있기에 정보공개청구를 한 것이다.

이 사안은 국정원의 사례와 전혀 다르다. 우선 한·일 정상 간 대화가 일본 외무성 누리집에 버젓이 공개되고 있다는 점이다. 통화를 한 당사자들끼리 공개에 대해 합의했는지는 외부에서 알 수 없으나, 외교 당사자인 일본에서 공개했으니 한국에서도 비공개할 이유가 없다.* 외교는 상호성이 매우 중요하다. 비공개를 합의했으면 특정 기간이 지나갈 때까지 비공개를 유지해야 하고, 당사자들이 공개로 합의하면 공개를 하는 것이다.

한·일 정상 간 전화 통화 내용에 비해 남북정상회담 대화록은 그 무게감이 비교할 수 없을 정도로 크다. 북한 입장에서 보면 당사자의 동의도 없이 대화록을 공개했으니, 향후 남북정상회담은 매우 형식적인 협상만 이루어질 가능성이 높다. 결국 남북정상회담 대화록은 NLL 포기 발언을 했는지가 논쟁이 되면서 정치권의 모든 이슈를 빨아들이는 역할을 했다. 이것이 바로 기록의 이중성이다. 정치적으로 예민한 기록들이 무차별적으로 공개되면, 정치권에서는 자신의 이해관계로 해석하고 온갖 논쟁이 발생한다. 이런 이유로 과거 대통령들은 기록 자체를 생산하지 않으려고 했고, 이를 막기 위해 대통령지정기록물이나 비밀 제도를 만든 것이다. 그런데 이런 제도를 총괄하고 보호하는 국정원이 비밀기록을 공개했으니 분통이 터질 일이다.

---

* 전진한, 「왜 박근혜-아베 전화 통화를 공개해야 하는가」, 『프레시안』 2016. 2. 3.

문재인 의원의 대통령지정기록물 열람 제안

국정원의 행태로 정치권이 혼란에 빠져 있을 때 또 다른 사건이 발생했다. 문재인 민주당 의원이 2007년 남북정상회담 대화록 논란과 관련해 정치적 승부수를 던진 것이다. 2013년 6월 30일 '새누리당에 제안합니다'라는 제목의 성명을 통해 남북정상회담 대화록 원본(진본)*을 열람해 '서해 NLL 포기' 발언이 사실로 드러날 경우 정계를 은퇴하겠다고 선언했다. 극단의 상황으로 치닫고 있었다.

이 제안으로 2007년 남북정상회담 대화록과 녹음기록물 등 자료 일체의 열람·공개를 국가기록원에 요구하는 자료제출요구서가 국회 본회의에서 표결에 부쳐져, 재적의원 276명 가운데 찬성 257명, 반대 17명, 기권 2명으로 2013년 7월 2일 통과되었다. 대통령지정 기록물은 정치권의 논쟁에 휘말려 다시 세상에 공개될 운명에 처했다. 당시 나도 참여하고 있던 기록관리단체협의회는 국회의장에게는 권고안을, 국가기록원장에게는 요구서를 전달하였다.**

---

* 전자기록에는 원본 개념이 없다. 앞에서도 설명했지만 생산과 동시에 무한 복제와 변화를 하기 때문에 진본 개념이 있을 뿐이다.
** 기록관리단체협의회, 「국회의 대통령지정기록물 열람 절차와 방법에 관한 권고」, 2013. 7. 3. http://www.opengirok.or.kr/3556.

국회의 대통령지정기록물 열람 절차와 방법에 관한 권고

기록관리단체협의회는 '2007 남북정상회담 회의록과 녹음기록 등 자료제출' 건이 국회 본회의에서 가결되어 대통령지정기록물의 열람을 강행하게 된 지금의 사태에 대해 깊은 유감의 뜻을 표한다.

국회의 찬성 의결이 있었다고 하더라도 대통령지정기록물의 열람 등은 반드시 '대통령기록물 관리에 관한 법률'에 의거하여 진행되어야 한다. 이렇게 할 때만이 대통령기록관리제도의 훼손과 국가적·외교적 피해를 최소화할 수 있기 때문이다.

기록관리단체협의회는 국회의장과 대통령기록관장에게 대통령지정기록물 열람의 절차와 방법에 대해 다음의 사항들을 준수할 것을 요구한다.

1. 국회의장은 대통령지정기록물이자 1급 비밀인 남북정상회담 회의록과 녹음기록 등이 무분별하게 정쟁에 이용되는 것을 막기 위해 최선의 조치를 취해야 한다.

2. 국회가 대통령지정기록물을 열람하더라도 공개할 권한을 갖고 있지는 않으므로, 국회의장은 대통령지정기록물의 내용이 공개되지 않도록 조치하고 유출·누설될 가능성을 사전에 차단해야 한다.

3. 국회의장과 대통령기록관장은 대통령지정기록물이 필요한 최소 인원과 최소 범위 내에서 열람되어야 한다는 법의 내용을 인지하고 반드시 이를 준수해야 한다.

4. 대통령기록관장은 국회로의 송달 과정에서 대통령지정기록물이 철저히 보호될 수 있도록 최선을 다하고, 국회 자료제출 이후 그 어떠한 복제나 유

출도 일어나지 않도록 관리감독 및 감시 등의 적극적인 조치를 취해야 한다. 또한 열람의 목적이 종료된 후에는 반드시 해당 지정기록물을 회수해야 한다.

내용의 핵심은 최소 인원이 열람하되 외부로 유출되지 않도록 최선을 다해야 한다는 것이다. 여기에 '열람의 절차와 방법에 대한 세부 제안'도 함께 제시했다. 사실 기록관리단체협의회도 권고문을 발표하는 순간까지 이 기록물이 당연히 대통령지정기록물로 지정되어 있을 것이라고 생각했다. 대통령을 가장 오랫동안 보필했던 문재인 의원과 대통령기록관리에 참여했던 전문가들의 증언이 있었기 때문이다. 하지만 이 사건은 또다시 아무도 생각하지 못한 방향으로 흘러간다.

남북정상회담 대화록 실종

대통령기록관에서 남북정상회담 관련 자료 목록을 열람한 여야 열람위원들이 대화록 원본을 찾지 못하자, 2013년 7월 18일 국회 운영위원회를 열어 재검색(추가검색)을 하기로 결정한다. 여야는 대통령지정기록물 열람위원으로 황진하·조명철(새누리당)·박남춘·전해철(민주당) 의원을 선정했다. 이들은 전문가 4명과 함께 2013년 7월 19일부터 7월 22일 오전까지 대통령기록관 내 2007년 남북정상회담 대화록 진본 존재 여부를 조사했다. 새누리당 열람단장인 황진하 의원은 2007년 10월 3일 정상회담일부터 2008년 2월 24일 노무현 대통령 임기종료일까지의 자료를 대상으로 검색했으며, 19개의 검색어를 사용하고 문건 생산부서로 6개 비서관실을 지정했다고 밝혔다.

그런데 대통령기록관에서 2007년 남북정상회담 대화록은 찾을 수 없었다. 남북정상회담 대화록이 대통령기록관에서 사라진 것이다. 국회 운영위원회 전체 회의에서 황진하 의원은 "문건 수 확인, 용량 확인, 검색어, 이것을 이용한 목록 검색, 전수 조사 등 모든 방법으로 최선을 다했으나 회의록을 찾지는 못했다"면서 "현재 국가기록원에서 보유하고 있지 않다는 결론에 도달할 수밖에 없었다"고 말했다.*

대화록이 당연히 대통령기록관에 존재할 것이라고 예상했던 많은 전문가들과 정치권은 당황했다. 애초부터 대통령기록으로 지정되지 않았던 것인지, 사라진 것인지 온갖 논란이 벌어졌다. 아무도 확신할 수 없었다. 당시 음모론도 많았는데, 누군가 정치적 목적으로 기록을 삭제한 것 아니냐는 얘기들도 있었다. 그 주체와 정치적 목적에 대한 해석은 여야가 달랐다. 다시 사실은 사라지고 온갖 의혹과 유언비어들이 난무했다.

---

* 선대식, 「'회의록 실종' 수렁에 빠진 여야⋯ 후폭풍 불가피」, 『오마이뉴스』 2013. 7. 22.

기록관리 전문가들은 이런 주장을 받아들일 수 없었다.* 우선 2007년 남북정상회담 대화록은 1급 비밀이자 대통령지정기록물로 엄격하게 관리되고 있다고 판단했다. 이 기록물은 이중·삼중으로 암호화되어 있을 가능성이 있고, 이 때문에 원문 파일 전문 검색이 불가능했을 수 있다는 것이 기록학계의 의견이었다. 당시 외부로 알려진 내용은 대통령기록관리시스템PAMS의 지정·비밀기록 서버만 검색한 결과일 뿐, 기록 존재 유무를 확실히 알 수 있는 e지원 검색 결과는 빠져 있었다.

대통령기록관 관계자들은 참여정부에서 사용했던 e지원 시스템을 복원하고 해당 서버를 검색하는 것을 포함해 지정·비밀기록 서고의 녹음테이프와 CD까지 찾은 다음에 대화록이 없다는 결론에 도달해도 늦지 않았다. 또한 외부 대통령기록 관련 전문가들의 도움을 받는 등 대화록을 찾는 데 다각도로 노력을 기울여야 했지만, 관계자들은 대통령기록관에 대화록이 존재하지 않는다는 입장을 서둘러 밝혔다. 그런 입장 발표조차 정치적으로 해석될 수 있었지만 발표를 강행했다.**

여기서 잠깐 이 당시 상황을 복기할 필요가 있다. "남북정상회담 대화록이 실종되었다"고 할 때, '실종'은 대단히 오해를 줄 수 있는 단어다. 대통령기록이 스스로 움직일 수 없으니 실종의 책임자가

---

* 기록관리단체협의회,「노무현 대통령 기록 검색에 대한 기술적 설명과 제언」, 2013. 7. 24.
** 전진한,「대화록 파문으로 우리 사회는 무엇을 잃었나」,『창비주간논평』 2013. 7. 31.

있다는 것을 의미한다. 대통령지정기록물로 지정되지 않았을 가능성, 찾지 못했을 가능성, 전자기록으로 존재하지 않을 가능성 등 많은 경우를 가정하고 고민해야 하지만 '실종'이라고 발표한 것이다. 심지어 정치권은 '사초 실종'이라고 말했다. 버젓이 국정원이 공개한 대화록이 있고, 봉하마을에서 반납한 e지원 시스템도 대통령기록관에 보존되어 있는데, 왜 실종이라는 표현을 썼을까?

대통령기록 열람권을 확보하기 위해 기록을 한 부 복사한 것도 엄청난 음모가 있는 것처럼 포장했듯, 대통령기록관리시스템에서 대화록을 찾지 못한 것도 다른 음모가 있는 것처럼 부풀렸다. 하지만 음모의 실체는 없었고 나중에는 흐지부지된다. 결국 이런 것들은 정치권이 필요에 의해서 만들어내는 말이다. 여당은 의도를 가지고 언론에다 떠들었고, 야당은 우왕좌왕하며 끌려 다녔다. 고인의 명예만 계속 훼손되고 있었다.

이런 상황이 기가 막혔던지 『한겨레』 곽병찬 대기자는 정치권의 말장난을 두고 이렇게 일갈했다.

(…) '사초 실종'이라고? 제발 웃기지 말라고 하십시오. 음원도 있고 그것을 정리한 기록물도 두 군데나 있는데 무엇이 실종됐다는 겁니까. 기록물관리의 원조 격인 미국이나 영국의 대통령(혹은 수상) 기록물은 퇴임 후 개인적인 대통령기념관에 보관합니다. 노 전 대통령은 후임자가 이용할 수 있도록 국정원에 한 부 남기라고 '폼'을 잡은 게 잘못이었습니다. 어떤 사기꾼이 후임자가 되어 농락할지 모르는데, 폼을 잡은 거죠. 사초 실종을 주장하는데, 기록을 이

렇게 남겨 놓은 게 낫습니까, 아니면 아예 중요한 건 모두 없애는 게 낫습니까. (…)*

대통령기록 유출, NLL 포기 발언, 대화록 실종까지 대통령기록은 또다시 정치권의 한가운데에 서게 된다. 사태는 걷잡을 수 없이 커져 갔다.

시작된 검찰 수사

정치권과 국가기록원은 대화록이 존재하지 않는다는 결론을 내렸고, 새누리당의 고발로 검찰 수사가 시작되었다. 노무현 대통령의 지정기록물은 또다시 정치권 논쟁의 한중간에 섰고, 기록전문가들은 분노할 수밖에 없었다. 자신이 법안을 만들고 시스템을 구축하고 수많은 전문가를 고용해 모든 과정을 기록한 대통령기록을 만들었으나 그 때문에 노무현 대통령은 계속해서 부관참시를 당하고 있었다. 기록을 남기는 대통령이 되면 어떤 일을 당하는지 생생하게 교육하고 있었다. 하지만 현실이 이런데 어쩌랴. 검찰 수사를 통해 남북정상회담 대화록이 왜 대통령기록관리시스템에 등록되어 있지 않은지 판단해야 했다.

---

* 곽병찬, 「'사초 실종'이라고? 웃기지 말라고 하십시오」, 『한겨레』 2013. 10. 7.

나는 관련 전문가들과 함께 이 상황을 처음부터 복기하며 고민했다. 새누리당은 노무현 대통령이 자신의 NLL 포기 발언을 숨기기 위해 대통령지정기록물을 등록했다가 삭제했다고 주장했지만, 상황이 전혀 맞지 않는 악의적인 얘기였다. 노무현 대통령은 정권 말 10·4 남북공동선언을 이끌어냈다. 언론 보도에 따르면 노무현 대통령은 이 선언에 대해 매우 만족해 했고 자신의 업적으로 인정받기를 원했다. 선언의 주요 내용도 기대 이상이었다.

① 남과 북은 6·15 공동선언을 고수하고 적극 구현해 나간다.

② 남과 북은 사상과 제도의 차이를 초월하여 남북관계를 상호존중과 신뢰관계로 확고히 전환시켜 나가기로 했다.

③ 남과 북은 군사적 적대관계를 종식시키고 한반도에서 긴장완화와 평화를 보장하기 위해 긴밀히 협력하기로 했다.

④ 남과 북은 현 정전체제를 종식시키고 항구적인 평화체제를 구축해 나가야 한다는 데 인식을 같이하고, 직접 관련된 3자 또는 4자 정상들이 한반도 지역에서 만나 종전을 선언하는 문제를 추진하기 위해 협력해 나가기로 했다.

⑤ 남과 북은 민족경제의 균형적 발전과 공동의 번영을 위해 경제협력사업을 공리공영과 유무상통의 원칙에서 적극 활성화하고 지속적으로 확대 발전시켜 나가기로 했다.

⑥ 남과 북은 민족의 유구한 역사와 우수한 문화를 빛내기 위해 역사, 언어, 교육, 과학기술, 문화예술, 체육 등 사회문화 분야의 교류와 협력을 발전시켜 나가기로 했다.

⑦ 남과 북은 인도주의 협력사업을 적극 추진해 나가기로 했다.

⑧ 남과 북은 국제무대에서 민족의 이익과 해외 동포들의 권리와 이익을 위한 협력을 강화해 나가기로 했다.

당시 합의문은 언론에서도 호평을 받고 여론도 좋았다. 또한 이 합의에 이르는 과정에 수많은 대통령지정기록물을 남긴 것으로 알려져 있다. 이렇게 자신의 임기 내에 가장 크고 자랑스러워한 사업에 대해 NLL 포기 발언을 숨기려고 대통령지정기록물 삭제를 지시했다는 것은 말도 안 되는 음해였다.

검찰은 2013년 11월 15일 수사 결과를 발표하면서 조명균 전 청와대 안보정책비서관과 백종천 전 청와대 외교안보정책실장을 기소했다. 열람 제안 당사자이고 비서실장이었던 문재인 의원은 기소에서 제외되었다. 다음은 검찰청 수사 결과 발표문 중 일부이다.

○ 대통령기록물 관련 법령에 의하면, 대통령의 직무수행과 관련된 모든 과정 및 결과는 반드시 기록물로서 생산·관리되어야 하고, 생산·접수된 대통령 기록물은 대통령기록관으로 이관되어 역사적 기록물로 보존됨으로써 평가·공개·연구의 자료가 되어야 함에도 불구하고, 역사상 두 번째로 개최된 2007년 남북정상회담의 회의록이 대통령의 지시에 의하여 의도적으로 삭제·파쇄되어 대통령기록관으로 이관되지 아니함으로써 역사적 기록물로 보존되지 아니하였고, 오히려 노무현 전 대통령의 봉하마을 사저로 유출된 사실이 확인되었음.

○ 회의록이 삭제·파쇄되어 미이관된 경위와 관련하여서는 (…) 노무현 전 대통령은 「2000년 남북정상회담 회의록」을 2급 비밀로 관리하던 전례와 달리 보안성을 강화하여 "회의록은 국정원에서 1급 비밀로 보관하도록 하라"는 취지의 지시와 함께 "e지원 시스템에 있는 회의록 파일은 없애도록 하라. 회의록을 청와대에 남겨두지 말라"는 취지의 지시를 하였음.

이 사건은 말이 되지 않았다. 우선 사건 당사자인 노무현 대통령을 조사하지 못했고 관련 증언이 없었다. 이 사건의 중심이며 사건의 전말을 가장 많이 알고 있는 당사자를 조사하지 않고 비서진들을 기소한 것이다. 당사자가 사망하고 없는데 무슨 근거로 비서진들을 기소한다는 말인지 이해할 수 없었다. 또한 검찰은 삭제된 대화록을 봉하마을 e지원에서 복원했다며, 이 삭제는 NLL 포기 발언을 숨기기 위한 목적이었다고 밝혔다. 너무나 억지스러운 주장이었다. e지원 시스템에 고스란히 남아 있는 노무현 대통령의 지시를 보면 그것이 사실이 아니라는 것을 명백히 입증하고 있다.

대화록 실종의 진실

기소문은 복잡해 보이지만 이 사건은 의외로 매우 간단하다. 노무현 대통령은 남북정상회담 대화록 초본에 대해 수정 지시를 내린 것이다.

수고 많았습니다.

읽어 보니 내가 기억하지 못하고 있는 일이 생각보다 많다는 느낌입니다.

그리고 NLL 문제는 김정일 위원장도 추후 다루는 것을 동의한 것으로 생각하고 있었는데, 확실하지 않고 오히려 내가 임기 내에 NLL 문제를 해결할 수 있다고 말한 것으로 되어 있습니다. 앞으로 이 문제를 다룰 때 지혜롭게 다루어 주어야 할 것 같습니다.

그 밖의 문제는 다 공개된 대로입니다만, 앞으로 해당 분야를 다룰 책임자들은 대화 내용과 분위기를 잘 아는 것이 필요할 것입니다. 그러므로 앞으로 회담을 책임질 총리, 경제부총리, 국방장관 등이 공유해야 할 내용이 많은 것 같습니다. 통일부 장관, 국정원장 등은 동석한 사람들이고 이미 가지고 있겠지요? 아니라면 역시 공유해야 할 것입니다.

필요한 내용들을 대화록 그대로 나누어 주어야 할 것 같습니다. 내용뿐만 아니라 분위기도 이해할 필요가 있을 것이니까요.

제공할 사람의 범위, 대화록 전체를 줄 것인지 필요한 부분을 잘라서 줄 것인지, 보안을 어떻게 할 것인지는 안보실이 책임을 지고 판단해 주시기 바랍니다.

이 녹취록은 누가 책임지고 한 자, 한 자 정확하게 다듬고, 녹취록만으로 이해하기 어렵거나 오해가 발생할 가능성이 있는 부분은 각주를 달아서 정확성, 완성도가 높은 대화록으로 정리하여 e지원에 올려 두시기 바랍니다.

62페이지 '자위력으로'는 '자의적으로'의 오기입니다. 63페이지 상단, '남측의 지도자께서도'라는 표현은 이해가 되지 않습니다. 그 밖에도 정확하지 않거나 모호한 부분이 없는 것은 아니지만, 시간도 없고 이 부분만큼 중요하지 않아서 이 부분만 지적해 둡니다.

이 작업에는 수석, 실장 모두 꼼꼼하게 검증 과정을 거쳐 주시기 바랍니다.

071020

대통령

이 내용은 노무현 대통령이 실제로 대화록 초본에 남긴 지시 전문이다. 지극히 정상적이고 원론적인 지시이다. 대화록 내용 중 오해가 발생할 가능성이 있는 부분은 각주를 달아서라도 정확성과 완성도 높은 대화록으로 만들라는 것이 어떻게 '의도적인 삭제·파쇄'로 둔갑했는지 이해할 수 없었다. 상식적으로 보아도 초본의 수정·보완을 지시한 것을 알 수 있는데, 검찰은 온갖 억측으로 노무현 대통령을 욕보였다.

물론 참여정부 인사들의 처신에 아쉬운 점도 있다. 우선 대화록이 대통령지정기록물로 이관되지 않은 것을 왜 미리 인지하지 못했는지가 가장 아쉬운 대목이다. 임기 말에 대량으로 대통령기록을 이관하다가 생긴 실수일 수도 있고 다른 문제일 수도 있다. 그런데 문재인 의원과 조명균, 백종천은 왜 이런 사실을 미리 협의하지 않았을까? 조명균은 한 인터뷰에서 자신도 기억이 불분명해 대통령기록관에 있다고 판단했다고 밝힌 바 있다.*

나는 노무현 대통령이 남북정상회담 대화록을 보안업무규정에

---

* 「조명균 "저는 무죄를 확신합니다"」, 『노컷뉴스』 2013. 11. 18.

따른 비밀기록으로 관리하도록 지시했을 것이라고 판단하고 있었다.* 왜냐하면 정상회담이 정권 말기에 이루어져 후임 정권의 협조가 절실했고, 남북정상회담 대화록을 대통령지정기록물로 보존할 경우 최대 15년 동안 후임 정권에서 참고할 수 없다는 점을 우려해 비밀기록으로 설정했을 가능성이 크다고 봤기 때문이다. 대통령지정기록물은 대통령기록 생산 당사자만 열람할 수 있으나, 비밀기록은 현직 대통령과 장관급 주요 책임자들이 모두 열람할 수 있기 때문이다. 이런 과정에서 대화록이 대통령지정기록물로는 지정되지 않았을 가능성도 있다. 조명균은 노무현 대통령이 이 기록을 대통령기록과 함께 국정원에서 1급 비밀로 관리하도록 지시했는데, 본인의 실수로 기록으로 등록이 안 된 것 같다고 증언했다. 그러나 조명균의 발언에서도 대통령지정기록물과 비밀기록을 동시에 등록했는지, 비밀기록으로만 관리하도록 했는지는 정확하지 않다.

그런데 수사 결과 더 중요한 사실이 드러났다. 서해 NLL 포기 발언은 노무현 대통령이 아니라 김정일 북한 국방위원장이 한 것으로 밝혀진 것이다. 그뿐만 아니라 노무현 대통령은 'NLL 치유'라는 중립적인 표현을 계속 고집했다. 대화 내용에는 "지금 서해 문제가 복잡하게 되어 있는 이상에는 양측이 용단을 내려서 그 옛날 선들 다 포기한다. 평화지대를 선포(선언)한다"는 김정일 위원장의 발언이 나온다.

---

* 전진한, 「사초도 실록 완성되면 물로 지웠다」, 『주간경향』 2013. 10. 22.

애초 NLL 포기 발언을 숨기기 위해 대화록을 삭제했다던 새누리당의 주장과 검찰 기소는 힘을 잃었다. 노무현 대통령의 의도를 왜곡한 것으로 드러나면서 수사 자체가 의미가 없어진 것이다. 초본 삭제에 대한 논리도 분명했다. 최종 결재가 나지 않은 속기록 초본을 보존하고 있는 공공기관은 없다. 대부분의 공공기관은 '기록관리 국제표준' ISO 15489에서 규정하고 있는 기록의 4대 속성 중 하나인 '신뢰성' 확보를 위해 오탈자 및 내용의 정확성을 보완한 후 기록으로 보존한다. 이 과정에서 내용적 완성이 떨어지는 초본은 삭제하거나 폐기한다. 만약 검찰의 논리대로라면 공공기관 중 공공기록물법상 처벌되지 않을 기관은 없다.* 이렇게 명확하게 설명이 되고 아무런 문제가 없음이 드러났음에도 검찰은 조명균, 백종천을 기소한다.

법원에서 이어진 무죄, 무죄

2015년 11월 24일, 서울고법 형사12부(재판장 이원형)는 2007년 남북정상회담 대화록 초본을 삭제한 혐의(대통령기록물법 위반 등)로 기소된 조명균, 백종천에게 항소심에서도 무죄를 선고했다. 이미 1심에서 무죄 판결의 정당성을 확인시켜 주었고, 남북정상회담 대화

---

* 전진한, 「속기록 초본 보존하는 공기관 나와 보라」, 『주간경향』 2013. 12. 3.

록 고의 삭제는 아무런 근거가 없는 것으로 결론이 났다. 재판부는 "결재가 필요한 대통령기록물은 결재가 된 뒤 대통령기록물로 성립되며, 결재에는 결재권자의 결재 의사가 있어야 한다"며 "(초본의 경우) 노 전 대통령이 회의록 파일을 그대로 공문서로 성립하는 데 동의하지 않는다는 의사 표시가 있어 결재 의사가 있었다고 보기 어렵다"고 밝혔다. 검찰은 초본이라도 결재권자가 서명을 했으면 공식 대통령기록물이기 때문에 함부로 폐기할 수 없다고 주장해 왔지만, 재판부는 1심에서도 "최종 완성본이 아닌 초본은 대통령기록물이라고 볼 수 없다"며 두 사람에게 무죄를 선고했다.[*]

온 나라를 떠들썩하게 만든 남북정상회담 대화록 실종 사건은 이렇게 마무리되었다. 조선시대 사초史草도 실록을 제작한 후에는 물에 빨아 내용을 지운 뒤 그 종이를 재활용했다. 사초는 사관들이 그때그때 역사적 사실을 기록하여 두던 사기史記의 초고이다. 이 초고는 정확하지 않아 실록을 제작한 후에는 폐기한다. 검찰도 알고 있었으리라. 검찰조차도 수많은 회의를 하고 회의록을 작성하지만 초본을 보존하지는 않는다.

사건의 실체적 진실은 이 사건이 정치권의 온갖 억측과 관련 참모진들의 불분명한 기억 때문에 발생했다는 것이다. 결국 노무현 대통령의 기록 정신은 또다시 공격당했고 사자死者의 명예는 걷잡을 수 없이 훼손되고 말았다. 무엇보다 두 번이나 반복해 검찰 수사

---

[*] 정환봉, 「'남북정상회담 회의록 폐기' 백종천·조명균 항소심도 무죄」, 『한겨레』 2015. 11. 24.

로 이어진 사건들은 우리 사회에 기록을 남기면 그것을 빌미로 어떤 정치적 보복을 당하는지 보여주었다. 따라서 향후 대통령기록물법은 온전히 이행되기가 쉽지 않을 것이다.

6장

이명박 대통령의
대통령기록 실체

이명박 대통령에 대해 다양한 평가들이 있지만, 특히 정보공개 및 기록관리 정책은 좋은 평가를 받지 못하고 있다. 그가 재임하던 시절, 국민의 알 권리는 땅에 떨어졌고 유독 많은 유언비어가 창궐했으며 정권을 비판하는 언론기관에는 많은 보복이 가해졌다. 이명박 정부 때 징계된 언론인이 500명이 넘는다는 주장도 있다.* 정보공개센터가 2008년에 창립되었는데, 당시 언론인들이 받은 징계의 부당함을 알리기 위한 글을 많이 썼던 기억이 난다.

이명박 정부 시절, 광우병 파동, 천안함 사태, 일본 후쿠시마 관련 방사능 파문 등 국민들을 불안하게 하는 많은 일들이 발생했고 각종 유언비어가 퍼졌다. 정부는 유언비어를 퍼뜨리는 사람을 처벌하겠다고 으름장을 놓았고 실제로 처벌하기도 했다. 포털사이트 게시판에 세계 경제 및 우리 경제에 관한 위험성을 경고하는 글을 꾸준히 써온 시민을 전기통신기본법 위반으로 구속한 것이다. 당시 전

---

* 정운현, 「'MB정부 해직 언론인 구제' 특별법 만든다」, 『진실의길』 2012. 7. 6.

기통신기본법의 실체를 알고 있는 법률전문가도 별로 없었다. 처벌의 목적은 분명했다. 이명박 정부를 비판하는 글을 쓰면 언제라도 이런 일을 당할 수 있다는 것을 경고한 것이다.

이명박 정부는 유언비어라고 국민의 입을 막으면서도 정보공개센터를 포함해 시민단체와 언론 들이 관련 이슈에 대해 정보공개청구를 하거나 취재를 하면 비공개로 일관했다. 정보공개 활동가로서 참 괴로웠던 시절이었다. 정보공개청구에 대해 너무 비공개가 많다 보니, 나중에는 비공개한 리스트를 업데이트해서 언론에 보도를 요청할 정도였다. 참여연대는 시민 1,100명과 함께 천안함 관련 모든 TOD 영상, 항적기록, 교신기록 등 12개 항목에 대해 정보공개청구를 했지만 대부분 비공개 처분을 받았다. 사건이 발생할 때마다 의혹을 제기하면 유언비어라 하고, 정보공개청구를 하면 비공개하니 불신만 더욱 커져 갔다.

기록관리 정책도 엉망이었다. 대표적인 사건 중 하나는 청와대 국민소통비서관실이 "용산 사태를 통해 촛불시위를 확산하려고 하는 반정부단체에 대응하기 위해 '군포연쇄살인 사건을 적극 활용하라'고" 이메일 홍보 지침을 발송한 사건이다.* 이 사건은 지침의 내용도 문제이지만, 이명박 정부가 이메일이라는 수단으로 일선 기관들에게 지시를 하고 있다는 것이 더 문제였다. 부처 간 지시 및 협조

---

* 「"용산 사태 대응 위해 '연쇄살인' 적극 홍보" 청와대, 경찰에 이메일 공문… "촛불 차단"」, 『오마이뉴스』 2009. 2. 11.

를 요청할 때에는 공문을 사용하는 것이 원칙이다. 공문이 존재해야 그 일을 추진할 수 있는 근거가 되고, 향후 감사 등에 대비한 기록이 남는다. 이메일로 지시하거나 협조를 요청하면 근거가 남지 않는 경우가 대부분이다. 당시 청와대 담당자는 정식 공문으로 발송하기에 부담이 되자 이런 방식을 택한 것으로 보인다. 이 사건은 이명박 정부의 일처리 방식이 어떠한지 상징적으로 보여준다. 물론 이 사건 이후 이보다 더 큰 사건들이 쏟아져 나왔다.

이메일 파문은 미국에도 있었다. 1986년 '이란-콘트라 스캔들'이다. 레이건 정부가 스스로 적성 국가라고 이야기하던 이란에 무기를 비밀리에 판매하고 그 수익금을 니카라과의 우익 성향 반란군인 콘트라 반군에 지원한 것이다. 당시 미 해병대 장교였던 올리버 노스가 미국 국가안전자문위원이었던 존 포인덱스터에게 보낸 이메일을 통해 이 사실이 발각되면서 정치 스캔들이 되었고, 사건에 연루된 주요 인사들이 이메일 삭제 등 증거를 인멸하려 한 사실도 드러났다. 이 사건을 계기로 단순한 정보 자료로만 취급하던 이메일을 정식 기록으로 관리하는 것을 고려하게 되었고, 1993년부터 미국 공공기관은 이메일을 기록관리 대상으로 포함하기 시작했다.

2015년에는 미국 민주당의 유력한 대선 주자로 평가받던 힐러리의 이메일 스캔들이 있었다. 힐러리가 국무장관 재임 시절 관용 이메일 계정이 아닌 개인 계정을 사용해 공무를 처리한 사실을 『뉴욕타임스』가 폭로한 것이다. 이로써 국가 기밀이 유출됐을 우려와, 업무 관련 이메일을 국무부 서버에 저장하도록 한 연방기록법을 준수하지 않았다는 비판을 받았다. 또한 당시 이메일 6만여 개 중 3만여 개를 삭제한 것으로 드러나 도덕성이 문제가 되면서 미 언론과 정치권의 공격을 많이 받았다. 힐러리는 이 논란에 대해 보관할 필요가 없는 개인적인 내용이어서 폐기했다고 밝혔지만 비판은 잦아들지 않았다.

우리의 경우 이메일은 여전히 기록관리 대상이 아니어서, 부적절한 지시를 이메일로 하는 일이 많이 있어 왔다. 이는 행정부만 해당하는 것도 아니다. 신영철 전 대법관은 2008년 당시 촛불시위 재판 담당 판사들에게 "모든 부담되는 사건들은 후임자에 넘겨 주지 않고 처리하는 것이 미덕으로 여겨지기 때문에, (…) 적당한 절차에 따라 통상적으로 처리하는 것이 어떠냐 하는 것이 저의 소박한 생각"이라는 내용의 이메일을 보내 큰 파문을 일으켰다. 이는 대법관이 독립된 헌법기관인 판사들의 재판 자율성을 침해하고 압력을 행사한 것이기 때문이다.

이명박 정부가 집권 초기 이메일 파문을 일으킨 것은 시작에 불과했다. 이명박 정부는 국민의 알 권리에는 관심이 없었고, 오직 자신들이 목표하는 사업에만 몰두하는 모습을 보였다. 몰두하는 사업이 국민에게 도움이 되었으면 좋으련만 전혀 그렇지 않았다는 것이 문제이다. 4대강 사업과 관련해 그 많은 세금을 쓰고, 지금 시점에서 보면 무슨 일자리와 경제를 창출했는지 의문이다. 이명박 정부에서 기록관리와 관련해 어떤 일들이 일어났는지 살펴보자.

과학자들도 경악한 부처 통폐합

이명박 대통령이 역대 대통령선거 중 가장 큰 표차로 당선된 뒤 이명박 정부는 '국정 개혁'이라고 주장하는 조치들을 취했다. 대통령직 인수위원회는 당시 18부4처18청10위원회인 중앙행정조직을 13부2처17청5위원회로 축소 조정하는 정부조직개편안을 발표했다(국회 논의 과정에서 여성부와 통일부가 되살아나 결국 15부2처18청으로 최종 조정되었다). 이와 함께 대통령·국무총리·각부처청 등에 설치된 각종 위원회 416개 중 절반이 넘는 215개를 폐지하고 201개만 유지하겠다고 발표했다.

사실 대부처제라고 하는 조직 개편은 공무원 정원을 줄이겠다는 목표에 따라 이루어진 것이다. 그런데 이 개편안은 공무원은 줄이지 못한 채 엉뚱한 부처들을 통폐합해 혼란만 가중시켰다. 실제 2012년 말 기준으로 행정부 국가공무원 정원은 61만 5,487명으로 2007년 말 60만 4,714명에 비해 1만 773명이 늘었다. 민간의 역할과 기업의 자율성을 확대한다며 각 부처를 통폐합했는데 오히려 공무원 수는 늘어난 것이다.* 잦은 부처 통폐합은 공무원과 국민들에게 혼란을 일으키기 때문에 신중해야 한다. 혼란은 곧 국정 공백을 의미하며, 피해자들을 양산하기 마련이다.

일례로 이명박 정부는 교육부와 과학기술부를 통폐합했는데, 그

---

* 박기용, 「'작은 정부' 지향 MB정부, 공무원 수 1만 명 늘어」, 『한겨레』 2013. 1. 7.

안을 보면 과학기술부의 인력 양성 기능은 교육부에 남겨 두고 기술개발 기능은 산업자원부에 이관했다. 당시 한국과학기술단체총연합회는 '과학기술분야 정부조직개편에 대한 우리의 입장'이라는 성명을 통해 "'과학기술부 폐지 유력'이라는 금일 언론 보도에 대하여 우리 500만 과학기술인들은 경악을 금치 못한다! (…) 언론 보도 내용이 사실이거나 또는 유사한 방향으로 진행되고 있다면, 이는 우리의 국가경쟁력을 크게 저해하는 등 대한민국의 미래를 어둡게 할 수도 있는 심각한 문제라고 판단된다"면서 "과학기술이 국정 운영의 최우선 과제가 되어야" 하고 "경제·사회는 물론 정치·문화 등 국가 발전의 모든 분야에서 핵심 요소가 되어야 한다"고 정부를 비판했다.* 현실 정치에 많이 나서지 않는 과학자들의 모임이 반발할 정도로 말도 안 되는 정책이었다. 부처 통합에 대해 언론에서도 각종 비판이 이어졌다. 언론은 "교과부로 통합되면서 조직 전체가 '사교육과의 전쟁'처럼 민감한 교육 현안에 매달리느라 과학기술의 중장기적 주요 과제들은 뒷전으로 밀리거나 국민의 눈에 보이지 않았다"고 비판했다.**

부처 통폐합은 기록물관리에 대해서도 큰 혼란을 준다. 공무원들은 기록관리시스템에 등록하지 않은 미등록 기록을 보관하고 있는 경우가 많이 있다. 특히 중요 부서에 일하는 공무원일수록 민감한

---

* 이정호, 「과기부 통·폐합론' 과학기술계 충격·경악」, 『동아사이언스』 2008. 1. 16.
** 「교육부와 과기부의 통합은 실패했다」, 『동아일보』 2010. 9. 13.

미등록 기록들이 상당수 존재할 가능성이 높다. 이런 기록들은 부처가 통폐합되면 등록되지 않고 무단폐기될 가능성이 있다. 또 부처가 통폐합되면 기록관리체계에도 혼란을 가져올 수밖에 없다. 공공기록물법 제25조에는 "공공기관이 폐지된 경우 그 사무를 승계하는 기관이 없을 때에는 폐지되는 공공기관의 장은 지체 없이 그 기관의 기록물을 소관 영구기록물관리기관으로 이관"하도록 하고 있다. 하지만 부처가 폐지인지 승계인지 경계가 모호할 때 기록 자체가 없어질 가능성도 상존한다.* 이런 위험성에도 불구하고 이명박 정부는 결국 부처 개편을 강행했다.

정보공개위원회와 국가기록관리위원회 폐지 거론

이명박 정부 조직 개편의 문제는, 세계적인 추세나 기준으로 보더라도 기능을 강화해야 할 조직까지도 폐지하려 했다는 점이다. 부패 방지, 청렴성 강화, 국민의 알 권리 관련 부처와 위원회 등은 세계적으로도 강화되는 방향으로 나아가고 있다. 민주주의가 고도화되면서, 공무원들의 전횡을 줄이고 시민들과 소통하는 것이 현대 행정의 가장 기본이기 때문이다.

대개 새로운 정부가 출범하면 투명성과 책임성을 위해 기능을

---

* 전진한, 「통폐합 부처 '기록물 대란' 막아야」, 『한겨레』 2008. 1. 16.

강화하는 위원회들까지 이명박 정부는 폐지하려고 했다. 대통령직인수위원회는 대통령 산하에 있던 정보공개위원회 폐지를 발표하였다.

정보공개위원회는 참여정부에서 정보공개 운영실태 평가, 정보공개 실태 개선 권고, 각 부처 지도 점검을 위해 만들어졌다. 정보공개법은 위반시 처벌조항 및 징계조항이 없어 공무원들이 이를 위반해도 별다른 조치를 취할 수가 없었다. 그래서 대통령 산하에 정보공개위원회를 설치하여 대통령에게 각종 실태조사에 대해 직접 보고할 수 있도록 하였고, 이로써 전 부처의 정보공개제도 활성화를 꾀하려고 하였다. 사무처도 없어서 예산도 거의 없는 위원회였다. 시민사회에서는 정보공개위원회에 사무처 기능을 신설해 명실상부한 감독기관이 되어야 한다고 주장하고 있었는데, 오히려 정보공개위원회를 폐지하겠다고 발표한 것이다. 대안이 있는 것도 아니었다. 이명박 정부에서 국민의 알 권리가 얼마나 무시되고 있는지 실감할 수 있었다.

뿐만 아니라 확정 발표는 되지 않았지만 국가기록관리위원회도 폐지 대상으로 거론되고 있었다.* 국가기록관리위원회는 2006년 10월 기록물관리 실태에 대한 총체적인 개선을 위해 학계 및 시민사회의 지적을 받아들여 여야 합의로 만들어진 위원회이다. 국가기록관리위원회는 국무총리 소속의 심의위원회로, 기록물관리에 관

---

* 전진한, 「국민의 알 권리를 위한 위원회마저 폐지하다니」, 『오마이뉴스』 2008. 1. 17.

한 기본정책 수립, 기록물관리 표준의 제정·개정 및 폐지, 영구기록물관리기관 간의 협력 및 협조사항, 대통령기록물의 관리, 비공개 기록물의 공개 및 이관시기 연장 승인, 국가지정기록물의 지정 및 해제 등을 담당했다. 참여정부에서 기록관리 혁신사업을 할 때 역할을 많이 한 위원회이다.

정보공개위원회와 국가기록관리위원회는 국민의 알 권리를 지켜내는 핵심이자 보루였다. 당시 위원회 폐지를 막고자 언론사 기자들도 만나고 성명도 발표하는 등 이곳저곳 뛰어다녔던 기억이 생생하다. 지금 생각해도 이명박 정부는 4대강, 자원 외교, 부자 특혜 등 대기업이 돈 버는 사업에만 투자를 한 것 같다.

정부와 기업은 다르다. 정부는 스스로 돈을 벌 수 없고 사회적 약자를 보호하는 역할을 해야 함에도, 이명박 대통령은 마치 기업을 운영하듯 몰아붙였다. 서울시장 시절의 청계천 복원사업에 자신감을 얻은 듯, 전 국토를 공사판으로 만드는 데 에너지를 모두 쏟아부었다. 그러나 경제는 나아지지 않았고 사회는 온갖 문제로 혼란에 빠졌으며 투명성은 형편없이 무너졌다. 퇴임 후 정권 핵심인사들이 줄줄이 구속되는 것은 그냥 넘어갈 문제가 아니다. 왜 이런 일들이 발생했는지 국가 차원에서 진지하게 고민하고 반성해야 하지만, 여전히 그런 움직임은 볼 수 없다. 실제로 참여정부 시절에 정치 및 공공기관의 비리가 많이 줄었으나 이명박 정부에서 다시 크게 늘어나기 시작했다.

시민사회의 노력이 빛을 본 건지 모르겠지만, 정보공개위원회는 대통령 소속에서 행정자치부 장관 소속으로 격하되어 유지되고, 국가기록관리위원회는 존속하는 것으로 마무리되었다. 다른 위원회들의 폐지에 비하면 다행스러운 일이었지만, 이 사태는 이명박 정부가 어떻게 국정 운영을 할 것인지 설계도처럼 보여주었다.

이명박 정부에서 정보공개 및 기록관리 분야는 말 그대로 찬밥이었다. 정보공개율은 형편없이 떨어졌고, 기록관리제도도 근간이 흔들리고 있었다. 이런 행태를 보이면서 이중적이게도 노무현 대통령에 대해서는 대통령기록관리로 끊임없이 공격을 했다. 노무현 대통령을 집요하게 공격한 만큼 스스로에 대해서 더욱 엄격해야 했지만, 임기 마지막에 보여줬던 이명박 정부의 대통령기록 이관 실태를 보면 경악 그 자체였다.

정보공개 암흑기 — 그들은 공개를 싫어했다

누구나 예상할 수 있지만 이명박 정부가 출범하면서 정보공개제도에 대한 관심이 눈에 띄게 떨어졌다. 이명박 정부는 보여주기식 성과주의 사업으로 공무원들을 내몰았다. 당시 여권의 실세는 전 국토가 공사판이 되고 망치 소리가 울려야 한다고 목소리를 높였다.* 2009년 행정안전부가 발표한 비영리민간단체 공익활동 지원

---

* 「박희태 "전 국토가 거대한 공사장 돼야"」, 『노컷뉴스』 2008. 12. 15.

사업 유형을 보면, 100대 국정 과제, 저탄소 녹색성장, 사회 통합과 선진화를 지향하는 신국민운동, 일자리 창출 및 4대강 살리기, 관계 법률에 의해 권장 또는 허용하는 사업 등이다. 당시 정부가 추진하는 주요 정책이 그대로 공익사업이라 지칭되었고, 2007년 대선에서 이명박 후보를 지지한다고 선언했던 단체들이 대거 선정된 것으로 밝혀졌다. 한국미래포럼, 희망코리아, 63동지회, 선진화운동중앙회, 뉴라이트연합 등이다.* 사실 이런 단체들처럼 특정 후보를 지지하면 비영리민간단체에 등록을 하지 못하도록 되어 있는데도 말이다.

이명박 정부의 일관적인 정보공개 무시 정책은 일선 행정기관에도 큰 영향을 주었다. 당시 정보공개청구를 하면 공무원들이 귀찮아하는 태도를 확연하게 느낄 수 있었다. 위에서는 성과주의를 외치는데, 국민의 알 권리에 신경 쓸 공무원이 얼마나 있겠는가. 정권 핵심부가 투명성에 관심이 없으니 공무원들은 점점 폐쇄주의가 되고 이것은 곧 부패로 연결된다. 노무현 정부에서 정보공개에 엄청난 관심을 표명하던 공무원들이 대통령이 바뀌고 나서 태도가 180도 돌변한 것이다. 이렇듯 대통령이 어떤 정책에 관심이 있는지에 따라 공무원들의 사업 기조도 완전히 바뀐다.

형사정책연구원 조사 결과, 참여정부 기간 동안 꾸준히 감소하던 공무원들의 부패 범죄가 이명박 정부에서 다시 늘어나고 그 중에서

---

* 조해수, 「MB 정부, 보수 성향 단체에 보조금 팍팍 밀어줬다」, 『시사저널』 2012. 6. 25.

가장 악성사건인 뇌물 사건이 크게 늘어난 것으로 확인되었다. 현황을 살펴보면, 참여정부에 견주어 이명박 정부의 공무원 부패 범죄가 두 배 이상으로 늘어났다. 특히 뇌물 관련 범죄는 세 배 이상 늘었고, 3급 이상 고위공무원의 뇌물 범죄는 다섯 배 이상 폭증한 것으로 나타났다.[*]

이는 정보공개율에서도 정확히 입증된다. 정보공개연차보고서를 분석한 바에 따르면, 참여정부 시절인 2007년 중앙행정기관의 정보공개청구 전부공개율은 79퍼센트였으나 이명박 정부가 들어서면서 2008년 68퍼센트, 2009년 67퍼센트, 2010년 65퍼센트로 꾸준히 감소했다.[**]

더욱 심각한 것은 권력기관들의 정보공개 실태였다. 2011년 대통령비서실의 정보공개처리대장을 살펴보면, 대통령비서실이 처리한 정보공개 건수는 83건이었는데, 이 중 전부공개는 20건으로 24퍼센트에 불과했다. 나머지는 부분공개가 31건으로 37퍼센트, 정보 부존재를 포함한 비공개가 32건으로 39퍼센트를 차지하고 있다. 참여정부 대통령비서실 정보공개청구 처리 현황을 보면 2005년부터 2007년까지 공개율이 50~60퍼센트를 보이고 있지만, 이명박 정부인 2011년에는 20퍼센트까지 하락한다.[***] 심지어 대통령비

---

[*]   김재현, 「MB 정부 공무원 부패 범죄, 참여정부의 2배」, 『헤럴드경제』 2014. 7. 28.

[**] 행정자치부, 『정보공개연차보고서』 2007, 2008, 2009, 2010.

[***] 임수경 의원실, 『2012년 국정감사 정책자료집』.

서실 정보공개 담당자 이름까지 비공개했다. 대통령비서실 정보공개결정통지서에 정보공개 담당자의 이름이 '정○○'과 같이 표시되어 있었다. 직통 전화도 연결되어 있지 않아 문의할 것이 있으면 정보공개청구 담당하는 정 모 씨 전화를 부탁한다는 녹음을 남겨야 했다. 이런 비정상적인 관행은 현재까지 이어지고 있다. 답답한 노릇이다.

정보 비공개로 인한 손해배상청구 소송

이 같은 움직임은 새누리당이 집권하고 있던 지방자치단체도 비슷했다. 정보공개센터는 서울시를 상대로 우리나라 최초로 정보 비공개에 따른 손해배상청구 소송을 걸어 100만 원 배상 판결(일부 승소)을 받은 적이 있다. 이는 정보공개에 관해 정신적 위자료를 인정한 첫 사례였다. 왜 이런 소송을 하게 되었는지 살펴보자.

정보공개센터는 2009년 4월, 서울시에 오세훈 시장 취임 후 홍보비와 광고비의 사용 내역에 대한 정보공개청구를 신청했다. 서울시는 일부 비공개결정을 내렸고, 정보공개센터는 이에 대해 행정심판을 청구했다. 국무총리행정심판위원회는 정보공개센터의 취지를 모두 받아들여 2010년 2월 정보공개결정을 내렸지만, 서울시는 즉시 정보를 공개하지 않고 그해 4월에야 부분공개했다. 정보공개센터는 2010년 4월에도 서울시에 2009년도 홍보·광고비 내역에 대한 정보공개청구를 했는데, 서울시는 그때도 정보공개를 거부했다. 그리고 행정심판위가 또 공개결정을 내리고서야 정보를 공개했다.[*] 같은 내용의 정보공개청구를 서울시가 또다시 무시한 것이다. 이에 정보공개센터는 국민의 알 권리를 침해해 정신적으로 피해를 받았다는 논지로 서울중앙지방법원에 정신적 손해배상청구를 제기했다(원고 하승수, 2010년 7월). 다음은 당시 소장의 일부이다.

> 나. 이 사건의 경우, 이 사건의 담당 공무원인 피고 김○○은 국무총리행정심판위원회의 2010. 2. 2.자 재결에 의하여, 2009. 4. 23.자 일부 비공개결정(정보공개 일부거부처분)이 위법하다는 사실을 명백하게 알고 있음에도 불구하고, 2010. 5. 24. 고의로 이미 위법함이 밝혀진 동일한 사유를 들어 재차 비공개결정을 하였던 것이고, 그로 인하여 원고는 심대한 정신적 고통을 입게 되었습니다.
>
> 다. 따라서 이와 같은 피고 김○○의 행위는 국가배상법 제2조 제1항에서 정한 '공무원이 직무를 집행하면서 고의 또는 과실로 법령을 위반하여 타인에게 손해를 입힌 경우'에 해당함이 명백하므로, 피고 서울특별시는 국가배상법 제2조 제1항에 의해 피고가 소속된 지방자치단체로서 원고가 입은 모든 손해를 배상할 책임이 있는 것입니다.
>
> 라. 나아가 피고 김○○은 담당공무원으로서 이미 2009. 4. 23.자 비공개결정이 행정심판에서 위법하다는 이유로 취소되었음에도 불구하고, 2010.

---

[*] 장은교, 「'정보공개 거부' 서울시 손해배상 판결」, 『경향신문』 2011. 2. 17.

5. 24. 동일한 사유를 들어 재차 위법한 비공개결정을 반복하는 고의의 불법행위를 자행함으로써 그로 인하여 원고로 하여금 심대한 정신적 고통을 입도록 하였는바, 원고가 입은 모든 손해를 배상할 책임이 있는 것입니다 (민법 제750조).

당시 소송을 맡았던 성창재 변호사에 따르면, 서울시 담당자는 왜 비공개를 했냐는 판사의 물음에 서울시 법률자문을 맡았던 변호사의 의견을 참고했다고 밝혔다고 한다. 하지만 판사가 자문 변호사의 의견서를 확인해 보니, "행정심판 내용을 존중하라"는 내용이었다. 즉 광고비 사용 내역을 공개해야 한다는 의견서였다. 결국 서울시의 비공개는 법적인 판단이 아니라 정치적 판단임이 드러난 것이다.

이 민사소송은 예상을 깨고 손해배상 판결을 받을 수 있었다. 배상금을 받고는 각 분야에서 정보공개운동을 하는 지인들을 초대해 함께 막걸리를 마시며 기쁨을 나누었다. 대부분 중앙정부나 지방자치단체를 상대로 힘겹게 정보공개운동을 하던 사람들이었고, 직업도 중앙일간지와 종교신문 기자, 시민단체 활동가, 방송국 PD 등 다양했다. 정보공개청구를 해 오면서 다들 많이 지쳐 있던 터라 막걸리를 마시면서 서로를 위로하는 자리가 되었다.

기록 파기와 기록물 폐기 절차 간소화

2010년 6월 29일, 김종익 KB한마음 대표가 영화 〈식코〉의 패러디인 '쥐코' 동영상을 블로그에 올렸다는 이유로 국무총리실에서 조사를 받고, 운영하던 회사 경영권까지 빼앗겼다는 사실을 MBC 〈PD수첩〉이 폭로했다.* 시민들은 정부가 어떻게 개인 회사의 경영권을 박탈할 수 있는지 놀라워했다. 사건은 일파만파로 번져 갔다.

국무총리실 공직윤리지원관실 이인규 등이 이 사건에 핵심당사자로 관여하였고, 민간인을 사찰한 사실을 청와대 고용노사비서실에 보고한 것으로 드러났다. 이 사안으로 검찰조사가 이루어지는 가운데, 민주당 우제창 의원은 기자회견을 열어 국무총리실이 공직윤리지원관실의 민간인 불법 사찰과 관련된 자료를 은폐하기 위해 2006년 구매한 디가우저(하드디스크 영구 파괴 장비)로 4,894기가바이트 분량의 문서 수십만 건을 삭제했다고 주장했다.**

정부 기관이 자신의 불법행위를 숨기기 위해 증거를 인멸한 기가 막힌 사건이었다. 당연히 공공기록물법 위반이고, 전자정부법·형법(증거인멸) 등 위반한 법령만 하더라도 수두룩했다. 이 사건은 이명박 정부의 도덕성을 고스란히 드러냈고, 정부도 불법행위의 당사자가 될 수 있다는 것을 보여주었다.

---

* 「'쥐코' 동영상이 뭐길래… 'PD수첩' 민간인 사찰 폭로」, 『경향닷컴』 2010. 6. 30.

** 박주연, 「우제창 "총리실, '디가우저'로 문서 4894GB 삭제"」, 『뉴시스』 2010. 11. 8.

그런데 이명박 정부는 이 사건에 앞서 은밀히 공공기록물법 대통령 시행령 개정을 준비하고 있었다. 당시 공공기록물법 시행령을 개정해 "보존기간 1년에서 3년 이하 기록물에 대해, 폐기 시 기록물 평가심의회를 생략 가능"하도록 하는 방안을 추진한 것이다.* 법에서는 공공기관의 기록물을 공식적으로 폐기하기 위해서는 기록물 관리 전문요원의 심사와 기록물평가심의회의 심의를 거치도록 하고 있다.**

대부분의 공공기관에서 생산되는 기록물의 50퍼센트 이상이 보존기간 1년에서 3년 이하의 기록이다. 이런 상황에서 위와 같은 내용으로 시행령을 개정하겠다는 것은, 정부에서 생산되는 기록 중 절반 이상을 외부 심의 없이 폐기하겠다는 뜻이다.

일선 행정기관들은 보존기간을 길게 설정하면 관리가 힘들다는 이유로 기록보존기간을 임의로 줄이는 경우가 비일비재하다. 만약 그런 시행령이 통과된다면 보존기간 10년인 기록을 3년으로 하향 조정하는 일이 만연할 것이고, 많은 기록들이 외부 평가 없이 조용히 폐기될 가능성이 높아진다. 행정기관의 실태를 전혀 반영하지 않은 개정안이었다.

당연히 기록관리 전문가들의 반발이 일어났다. 특히 일선 기관들

---

* 박수진, 「공공기록물 '멋대로 폐기' 쉬워지나」, 『한겨레』 2010. 1. 28.
** 공공기록물법 제27조(기록물의 폐기) ① 공공기관이 기록물을 폐기하려는 경우에는 대통령령으로 정하는 바에 따라 제41조 제1항에 따른 기록물관리 전문요원의 심사와 제27조의 2에 따른 기록물평가심의회의 심의를 거쳐야 한다.

의 반대가 심했는데, 국회와 대법원 등 헌법기관과 국토해양부·법무부·농수산식품부·환경부 등 6개 정부부처, 서울·부산·인천 등 7개 광역자치단체 등 70여 개 공공기관이 이 안에 대해서 공식적으로 반대 의견을 천명했다. 시행령 개정안에 대해 이렇게 많은 일선 기관에서 반대 의견을 낸 것은 전례가 없는 일이었다. 국회기록보존소는 "절차 생략을 통한 심의 과정의 간소화는 중요 기록물의 폐기를 발생시킬 우려가 높으므로 현행대로 기록물평가심의회의 심의를 거쳐 폐기하는 것이 바람직해 보인다"고 밝혔다.* 서울지역 기초자치단체도 "1, 3년 기록물이 기록물평가심의회의 심의를 거치지 않게 된다면 처리부서와 전문요원 간 의견 차이가 있을 경우 조율할 수 있는 수단이 없게 되고, 이로 인해 처리부서와 전문요원 간 의견 차이 발생시 불필요하게 행정력이 낭비될 수 있다"는 의견서를 냈다. 결국 시행령 개정은 김종익 사건과 더불어 여론 악화에 기름을 붓고 말았다.

『경향신문』 정영선 기자는 국가기록원이 봉하마을 기록 유출 사건에서 보여주었던 모습과 시행령 개정에서 보이는 행태가 너무 다르다며 이를 비판했다.

2008년 7월 정진철 국가기록원장은 경남 김해시 봉하마을에 있는 노무현 전 대통령의 사저를 방문했다. 노 전 대통령이 재임 기간 남긴 자료를 봉하마을

---

* 정영선, 「'국가기록물 폐기 쉽게' 법령 개정 밀어붙이는 행안부」, 『경향신문』 2010. 7. 20.

로 가져간 것은 명백한 불법이니 유출된 기록물을 되가져오겠단 것이었다. 그리고 노 전 대통령을 보좌했던 청와대 비서진 10명도 검찰에 고발했다. 노 전 대통령은 "전직 대통령에 대한 모욕"이라며 항의했지만 국가기록원은 국가기록의 중요성을 역설하면서 "우리는 본분을 다할 뿐"이라고 맞섰다.

2010년 7월 국가기록원은 내부 규제 개혁의 일환이라며 국가기록물을 쉽게 폐기할 수 있는 법령 개정을 밀어붙이고 있다. 골자는 보존기한이 1년 또는 3년인 기록물을 폐기할 때 심의위원회를 생략할 수 있게 하는 것이다. 국가기록원이 지난 15일 이 같은 내용을 관보에 게재하자 공무원들조차 의아해 했다.

국가기록을 쉽게 파기할 수 있도록 하는 법령 개정을 누구보다도 앞장서 막아야 할 주체가 국가기록원이 되어야 하는 게 상식에 가까울 것이기 때문이다. 2년 전 그토록 악착같이 '기록'을 챙겼던 국가기록원이 이제는 '기록'을 없애는 데 앞장서고 있는 모습에 학계와 시민단체는 물론 정부 주요 부처와 입법·사법부까지 아연해 하고 있다. (…)*

이렇듯 국가기록원은 이명박 정부 출범 이후 독립적 처신을 하지 못하면서 정치적 입김에 휘둘리는 모습을 보였다. 이것은 국가기록원이 행정자치부 산하 기관이고 공무원이 원장으로 임명되기 때문에 발생하는 일이다. 정부의 모든 기록을 관리하고 심지어 대통령기록까지 담당하고 있는 기관이 정치권에 휘둘린다면 온전한 기

---

* 정영선, 「'기록' 폐기 앞장, 국가기록원의 '표변'」, 『경향신문』 2010. 7. 20.

록 관리는 기대하기 힘들다. 자신의 기록이 온전하게 보호받지 못하는데, 누가 기록을 맡기겠는가. 국가기록원이 독립성을 지키려면 행정자치부에서 분리·독립하고 기관장들도 여야 합의로 임명할 수 있도록 법 개정을 추진해야 할 것이다.

국무총리실 공직윤리지원관실의 디가우저 사건과 국가기록원의 기록폐기 완화 추진은 매우 닮았다. 공무원에게 기록은 생명과 같은 것이다. 대부분의 공무원은 기록을 생산하는 데 매우 신중하며 결재 과정도 까다롭다. 그런데 국무총리실이 업무 결과로 생산된 기록이 보관되어 있는 하드디스크를 디가우저로 갈아엎었다. 이는 국가기록관리 정책을 총괄하는 국가기록원이 보존기간 1, 3년짜리 기록을 외부 평가 없이 폐기할 수 있도록 추진하는 모습과 별반 다르지 않게 보였다. 정부를 감시하는 일을 오래 해오면서 느낀 점은 보좌진과 공무원들이 자신들의 리더를 매우 닮아 간다는 것이다. 과연 이명박 정부에서 발생한 이런 일들이 우연의 일치로 발생한 것인지, 이명박 대통령의 행실을 보고 공무원들이 닮아간 것인지 생각해 볼 문제다.

기록관리전문요원 자격 완화

사건은 여기서 그치지 않는다. 이명박 정부는 기록관리 대학원을 졸업해야 주어지는 기록관리전문요원 자격에 대해 '행정내부규제

개선'이라는 명목으로, 관련 학과 학사(전직 공무원 포함) 등이 기본적인 교육만 받으면 자격을 받을 수 있도록 수정안을 준비하고 있었다.* 공공기록물법을 제정하면서 기록관리전문요원 자격으로 기록관리 대학원 졸업을 명시했고, 그 결과 많은 대학에서 기록관리 대학원을 설립했다.** 당시 졸업생 및 재학생까지 5백여 명의 학생이 정부에서 만든 기준을 믿고 대학원 과정에 자신의 시간과 비용을 투자하고 있었다. 그런데 갑자기 정부가 학사 출신에게도 기록관리 전문요원 자격을 주겠다고 하니, 이런 날벼락이 어디 있을까. 이 소식을 듣고 전국의 기록관리 대학원생들과 졸업생들은 분통을 터뜨렸다.

학위를 '규제'라고 하는 것은 말이 되지 않는다. 법학전문대학원, 의학전문대학원 등 수많은 자격이 학위를 요건으로 내세운다. 정부조차도 연구직 공무원을 뽑을 때 학위 취득 여부를 필수로 기재하도록 하는 경우가 많다. 독일의 경우 역사학 박사학위를 취득해야 기록관리 전문가가 될 수 있을 정도로 전문성을 강조하고 있다. 전문 교육을 규제라고 얘기하면 모든 교육제도를 부인하는 결과를 낳게 된다. 게다가 기록관리전문요원들이 본격적으로 임용된 것은 2005년부터였다. 당시 기준으로 불과 4년밖에 운영되지 않은 제도

---

* 정보공개센터, 「기록민주주의 후퇴시키는 정부의 기록관리 선진화 반대한다」, 2010. 1. 28.
  http://www.opengirok.or.kr/1401.
** 2009년 당시 20여 개 대학교에서 기록관리 대학원이 설립되어 운영 중이었다.

를 무력화하는 것은 참여정부의 색깔을 지우겠다는 의도가 아닌지 의심스러웠다.

국무총리실은 2009년부터 기록관리전문요원의 자격 완화 문제를 본격적으로 논의하기 시작했다. 국무총리실 관계자들은 기록관리 대학원 졸업자 수가 수요에 비해 크게 부족해서 자격 기준을 학사 등으로 낮추려 한다고 설명했다. 담당기관인 행정자치부도 2009년 12월 22일과 2010년 1월 6일 '기록관리 프로세스 현실화 및 기록물관리 전문요원 자격요건 완화 및 배치 유예'를 주제로 '행정내부규제개선 회의'를 열었다. 기록물 폐기 절차 간소화와 기록관리전문요원 자격 완화를 골자로 하는 시행령 개정을 사실상 밀어붙이겠다는 의지였다. 이 회의는 국가기록관리위원회의 동의를 거치지 않아 절차상의 문제도 있었다. 즉각 기록관리 대학원 졸업생들과 재학생 및 교수들은 반발했고 '기록관리 현안 공동대책위원회'가 꾸려졌다.

정부의 움직임이 빨라지자 전국의 기록전문가들과 기록관리 대학원생들도 조직적으로 움직이기 시작했다. 정부의 시행령 개정안에 대해 국회와 정부부처, 지방자치단체 등 전국의 많은 공공기관이 반대 의견을 제출했다. 심의 과정 간소화에 대한 반대 의견과 더불어 기록관리전문요원 자격 완화에 대해서도 반대 의견이 잇따랐다.

모 공공기관은 "기록물관리 전문요원의 자격 완화에 관한 조항은 학계·시민단체·이해 당사자들과의 긴밀한 협의가 필요한 문제

2010년 2월 2일 전국 기록관리 종사들이 모여 대책회의를 하고 있다.

당시 기록관리 대학원생의 청와대 앞 1인 시위.

로서, 공공영역 내에 기록관리에 대한 인식이 높아지고 기록관리 인프라가 갖추어져 제반 여건이 성숙할 때까지 관련 조항을 유예하는 것이 바람직해" 보인다고 의견을 밝혔다.

기록 관련 단체들도 성명을 내고 "기록물관리 전문요원을 석사학위 이상으로 규정한 것이 과도한 규제라는 논리는 기록관리의 전문성을 배제하고, 행정의 일반성만을 주장하는 것이다. 오히려 정부가 기록관리를 방치해 왔던 과거 관행에 대한 반성과 성찰이 부족한 데에서 기인하는 것이라 단언할 수 있다"고 정부를 비판했다. 인터넷에서는 "국가기록물을 폐기하기 쉽게 추진하는 걸 막아주세요"라는 아고라 청원에 3일 만에 1700여 명이 서명을 했다.

개정안은 결국 국가기록관리위원회에서 표결을 했다. 보존기간 1, 3년 기록물의 폐기 절차 간소화에 대해서는 전체 14명 위원 중 가결 6명 부결 8명, 기록관리전문요원 자격 완화에 대해서는 가결 2명, 부결 12명으로 둘 다 부결되었다.*

2010년 국무총리실 디가우저 사건과 공공기록물법 개정안 부결이 연달아 이어지면서 여론은 급격히 나빠졌다. 정부도 이런 여론에 크게 당황했다. 결국 국무총리실과 행정자치부 국가기록원은 시행령 통과를 포기할 수밖에 없었다. 법도 아닌 시행령의 개정을 정부가 포기하는 경우는 그 전례를 찾기 힘들다. 전국의 기록관리 대학원생들과 기록관리 종사자들의 끈질긴 노력으로 가능한 성과였

---

* 전진한, 「자치단체도 반대하는 기록물 폐기 완화, 왜 서두르나」, 『오마이뉴스』 2010. 10. 7.

다. 조선시대나 현대사회나 온전한 기록을 생산하고 관리한다는 것이 참으로 힘들다는 생각을 했다. 하지만 사관들의 치열한 기록 정신이 지금까지 이어져 내려오고 있음을 확인했다는 점에서 매우 기뻤다.

일 년, 천만 건 기록 생산

이명박 대통령의 퇴임이 다가올수록 어떤 기록을 생산했는지, 대통령지정기록물은 몇 건 생산했고 어떻게 이관할지 관심이 집중되었다. 이명박 정부는 참여정부가 대통령기록물법을 위반했다며 날카롭게 공격한 정권이 아니던가. 퇴임이 다가오면서 이명박 대통령 자신은 법을 얼마나 잘 지키고 이행하는지 흥미롭게 지켜보고 있었다. 얼마 후 대통령기록 이관을 위해 청와대와 대통령기록관이 공동 TF를 구성했다는 소식이 들려왔다. 이에 관해 정보공개센터는 '대통령기록이관 TF 명칭 및 TF 구성인원'에 대해 정보공개청구를 했는데, 놀랍게도 비공개 처분이 내려졌다.*

이명박 정부는 참 일관성 있는 정부라는 생각이 들었다. 대통령기록 이관을 위한 TF를 구성했다면 당연히 보도자료를 내거나 기

---

* 정보공개센터, 「이명박 대통령기록물 이관 TF 정보, 왜 공개를 안 하나요?」, 2012. 12. 13. http://www.opengirok.or.kr/3270.

자회견이라도 해야 했는데 침묵했다. 이뿐만 아니라 집권 기간 내내 정보를 시민들에게 알려 달라고 정보공개청구를 하면 비공개로 일관했다. 정보공개법 제1조*를 "모든 정보는 비공개고 정부가 주는 정보만으로 만족해라"라고 개정해야 할 판이었다.

2013년 2월 22일 행정자치부는 '대통령기록 이관 완료'라는 보도자료를 내보낸다. 결과는 충격이었다. 이명박 정부에서 대통령기록 1,088만 건을 생산했고, 이를 대통령기록관이 인수했다고 발표했다. 기록물은 대통령실, 경호처, 27개 자문기관 등이 생산한 기록물로 전자기록 1,043만 건, 비전자기록 45만 건으로 구성돼 있었다. 이 중 전자기록은 위민·온나라시스템 생산 전자문서 59만 건, 위민 게시판 등 개별업무시스템 기록 330만 건, 시청각기록 141만 건, 각 기관 홈페이지 웹 기록 513만 건(정부대표포털 공감코리아 포함)이다. 전체 기록물 중 96퍼센트가 전자기록에 해당한다. 비전자기록은 종이 문서 44만 건, 간행물 8천 건, 행정박물 2천 건, 대통령 선물 1천 건 등이다. 지정기록물은 24만여 건(전자 7만, 비전자 17만)으로 총 기록물 대비 2퍼센트 수준이었다.**

수치로 보면, 노무현 대통령을 능가하는 기록이다. 이 일은 기록

---

* 정보공개법 제1조(목적): 이 법은 공공기관이 보유·관리하는 정보에 대한 국민의 공개 청구 및 공공기관의 공개 의무에 관하여 필요한 사항을 정함으로써 국민의 알 권리를 보장하고 국정(國政)에 대한 국민의 참여와 국정 운영의 투명성을 확보함을 목적으로 한다.

** 행정안전부 국가기록원 보도자료 「대통령기록관, 17대 대통령기록물 1,088만 건 이관 완료」, 2013. 2. 21.

관리 전문가들에게 화제가 되었다. 정권 내내 기록관리 정책을 무시했는데, 퇴임을 앞두고 새로운 '기록대통령'이 탄생한 것이다. 보도자료를 접하는 순간 쓴웃음을 지을 수밖에 없었다. 불과 1년 전 청와대는 대통령비서실과 대통령자문위원회 등에서 4년간 생산한 대통령기록물 생산 건수가 총 82만 5,701건으로, 연평균 20만 6,425건의 자료를 생산했다고 현황을 공개했었다. 그런데 1년 만에 열 배가 넘는 기록을 만드는 기염을 토했다. 그동안 없던 대통령기록이 하늘에서 떨어지기라도 한 것일까.* 본인들도 민망했는지 보도자료에 별도로 설명까지 붙여 놓았다.

6. 2012년 9월 생산통계는 총 83만 건이었는데 짧은 시간 동안 기록물이 대폭 증가한 것은 무엇 때문인가?

○ 2012년 9월 생산통계 83만 건은 2008~2011년 4개년간 생산된 것이며, 개별업무시스템, 각 기관 홈페이지 웹기록, 미등록 기록물 등의 수량이 반영되지 않은 수치이다.

○ 또한, 통상 기록물 정리 작업이 임기 말에 더욱 적극적으로 이루어지며, 기록물의 상당 부분을 차지하는 웹기록이 임기 말에 한꺼번에 이관된 것도 기록물의 총 수량 증가에 영향을 미친 것으로 생각된다.**

---

* 전진한, 「MB, 기록에서 노무현을 넘어섰다?」, 『미디어스』 2013. 3. 13.
** 행정안전부 국가기록원 보도자료 「대통령기록관, 17대 대통령기록물 1,088만 건 이관 완료」 2013. 2. 21.

그러나 정보공개센터가 이 보도자료를 분석해 보니 기록 숫자가 과장되었음을 알 수 있었다. 국정홍보사이트인 국정브리핑, 실제 대통령 업무와 관계없는 경호처 및 자문위원회의 기록, 청와대관람·식수관리·물품관리·민원자동응답시스템 등 반복적이고 부수적인 업무와 관련해 사용되는 시스템 기록, 정부 발간물류인 정책간행물과 선물 및 행정박물, 청와대 홈페이지 등의 웹기록, 사진 등의 시청각기록 들을 빼고 나니 총 48만 건밖에 남지 않았다.*

비밀기록이 없다?

그렇다면 마지막 남은 기록은 대통령지정기록물이다. 보도자료에 따르면 이명박 대통령기록물 중 지정기록물은 약 24만 건(전자 7만, 비전자 17만)으로 총 기록물 대비 2퍼센트 수준이었다. 노무현 대통령이 지정기록물을 34만 건 남겼으니, 그에 비해 수치는 떨어지지만 비교적 나쁘지 않은 성적이었다.** 대통령지정기록물로 노무현 대통령을 그렇게 공격하고 임기 내내 기록정책을 무시했는데, 24만 건의 대통령지정기록물 남겼다니 좀처럼 믿을 수 없었다.

그런데 이상한 점이 있었다. 아무리 살펴봐도 '비밀기록'을 얼마

---

* 장성주, 「MB 기록물 1,088만 건? … 실제는 48만 건뿐」, 『뉴시스』 2013. 5. 4.
** 정승환, 「세종도 손 못 댄 국가기록물 증발의 불편한 진실」, 『매일경제』 2013. 7. 26.

나 생산해 후임 정권에 이관했는지 통계가 없었다. 비밀기록은 무엇인가? 보안업무규정에 따라 국가안전보장을 위해 필수적으로 관리해야 할 '중요 문서'이며, 정권의 변동과 관계없이 비밀을 다룰 수 있는 위치에 있는 사람들은 수시로 참고해야 할 중요 기록들이다. 특히 남북관계가 경색되어 있을 때엔 비밀기록의 중요성이 더 커질 것이다. 실제로 참여정부는 이명박 정권을 위해 9,700건의 비밀기록을 이관해 참고할 수 있도록 했다.

그때 한 언론이 이명박 정부가 대통령기록관으로 이관한 대통령기록 중에는 비밀기록이 단 한 건도 없다고 보도했다. 이 보도에서는 대통령기록 관계자의 발언을 인용하며, 대통령기록은 일반·지정·비밀을 별도로 이관받는데, 이번에는 비밀기록이 없다고 밝혔다.*

이것은 사실 심각한 사안이다. 여당인 새누리당 이혜훈 의원은 최고위원회의에서 "이명박 정부가 비밀기록을 단 한 건도 남기지 않았고, 지정기록물 자체도 이전 정부에 비해서 30퍼센트를 줄였다는 보도가 있었다"며 "충격적"이라고 질타했다. 또한 "핵문제 같은 중대한 사안에 있어서 차기 정부가 참고할 기록이 없어져서 막대한 사회적 비용이 발생할뿐더러, 더 나아가 국가에 중요한 기록물까지 폐기했을 가능성도 높다고 본다"고 발언했다.** 여당인 새누리당

* 강신후, 「이명박 전 대통령 '비밀기록' 단 한 건도 안 남겨」, JTBC 2013. 3. 6.
** 김동현, 「MB, '비밀기록' 한 건도 안 남겨 폐기 의혹」, 『뷰스앤뉴스』 2013. 3. 17.

도 상황이 심각하다는 인식을 하고 있었다. 이에 대해 이명박 정부 고위관계자는 비밀기록을 생산했지만 대통령지정기록물로 묶어서 이관했기 때문에 문제가 없다는 태도를 보였다.

그러면 무엇이 문제일까? 다시 대통령지정기록물과 비밀기록의 차이점이 무엇인지 알아보자. 먼저 열람 주체가 누구인가를 보면, 대통령지정기록물은 기록을 생산한 전직 대통령이고 비밀기록은 국정 운영을 책임진 공직자들이다. 가령 이명박 정부에서 발생한 천안함과 연평도 피격 사건의 경우 이에 관련된 수많은 비밀기록과 대통령지정기록물이 생산될 것이다. 이 중에는 차기 정권을 위해 이관해야 할 비밀기록과, 현재는 밝히기 어려운 중요한 사안을 역사적 기록으로 남기는 대통령지정기록물이 있을 것이다. 그런데 비밀기록을 대통령지정기록과 함께 보존했다면 후임 정권들은 비밀기록을 열람할 수 없게 된다. 후임 정권은 국가에 안보 문제가 생겨도 비밀기록을 보지 말라는 뜻과 같다.

대통령지정기록물도 제대로 이관되었는지 의문이었다. 사실 대통령지정기록물은 대부분 전자기록물로 생산되고, 그 전자기록물은 암호 처리를 해 외부에서는 볼 수 없도록 하고 있다. 이 기록들은 15년이 지나야 열어 볼 수 있는데, 그전에는 이관을 온전히 했는지 확인하기가 어렵다. 외부에서 확인할 길이 없으니 논평도 어려웠다. 이런 문제점들 때문에 기록전문가들 사이에서는 대통령지정기록물인 경우 실물(종이기록) 형태의 별도 이관 절차도 검토하자는 의견이 나오고 있다.

대통령기록관장도 파악 안 되는 이명박 전 대통령의 기록들

참여연대와 정보공개센터가 공동으로 2013년 5월 22일 이명박 전 대통령의 기록물을 이관받은 대통령기록관에 대통령기록물 생산과 이관에 관한 질의서를 보냈습니다. 참여연대와 정보공개센터는 질의서를 통해 이명박 전 대통령 재임 기간 중 기록물 생산현황 통보서에서 확인된 비전자 종이기록 731권의 이관 여부, 이 731권의 기록들이 이관 통계를 담은 보도자료에서 누락된 이유, 지정기록물을 뺀 비밀기록이 단 한 건도 없는 이유에 대한 파악 여부와 판단 등을 물었습니다. 대통령기록관 측은 지난 5월 30일에 4쪽 분량의 답변서를 보내 왔습니다.

답변서에 따르면, 대통령기록관은 비전자 문서기록 731권의 행방을 파악하지 못하고 있는 것으로 보입니다. 기록관 측은 기록물 생산현황 보고에 담겨 있던 731권의 비전자 문서기록들이 이관된 종이기록물 236,799건에 "포함되어 있"고, "731권 모두 이관 조치된 것으로 보아야" 한다고 밝혔습니다. 그러나 비전자기록 731권은 누락된 것 아니냐는 의혹 제기에는 "집계 과정에서 발생한 오류(중복 기재)"라고 답했습니다. 의혹의 근거가 된 종이기록물 수가 생산현황 통보서의 '기타 종이기록물' 수와 일치한다는 대목과 관련해서는 별다른 답변이 없었으며, 정작 731권의 세부내역을 묻는 질문에는 사실상 "파악할 수 없다"고 답해 "731권 모두 이관 조치된 것으로 보아야" 한다는 근거가 없음을 자인하고 말았습니다. 731권의 세부내용은커녕 그 목록조차 파악되지 않았음에도 이관된 종이기록물 가운데 포함되었다고 답한 것입니다.

이명박 전 대통령 퇴임 전후로 이 전 대통령의 기록물과 관련한 의혹 제기는 끊이지 않았습니다. 우선 대통령실이 이관했다는 비전자기록물 중 종이문서 236,799건은 대통령기록물 생산현황 보고의 '기타 종이기록물'들이 그대로 옮겨진 것으로 그나마도 거의 대부분이 민정수석실과 사회통합수석실 등으로 접수된 민원서류들에 불과한 것으로 의심된다는 겁니다. 즉 알맹이는 쏙 빠진 기록들만 이관되었을 개연성이 높다는 것입니다. 더구나 기록물 생산현황 통보에는 담겨 있던 비전자 문서기록 731권이 대통령기록관에 이관되었다는 종이문서에는 빠졌거나 증발한 것 아니냐는 의혹도 제기되었습니다. (…)*

대통령기록의 이관 과정이 석연치 않아 참여연대와 정보공개센터는 공동으로 대통령기록관에 질의서를 보냈고, 이후 받은 답변서를 언론에 공개하기도 했다. 답변서는 명쾌한 답변 없이 계속 오류라는 말을 반복했다. 답변서는 이관 자체가 체계적이지 않고 급하게 진행되었다는 것을 입증하고 있었다. 이 사건은 정치권의 논쟁이 되었지만, 큰 주목을 받지 못한 채 잊혀져 갔다.

이명박 자서전 『대통령의 시간』

2015년 1월 30일, 기자들에게 갑자기 전화가 오기 시작했다. 이

---

* 참여연대, 「대통령기록관장도 파악 안 되는 이명박 전 대통령의 기록들」, http://www.people
power21.org/Government/1039095.

명박 대통령이『대통령의 시간』이라는 자서전을 냈다고 논평을 부탁한다는 전화였다. 전직 대통령이 자서전을 출간하는 것이 이례적인 것이 아니라서 논평할 것이 없다고 답변하자,『한겨레』김규남 기자는 책에 많은 비밀기록이 있는 것 같다고 얘기해 주었다.

아무리 대범한 이명박 대통령이라도 비밀기록을 책에다 쓸까 싶었다. 하지만 책을 읽는 내내 온몸에 소름이 돋는 듯했다. 놀랍게도 자서전 곳곳에 외교관계에 있던 많은 사람들의 말을 큰따옴표를 치며 그대로 인용해 놓았다. 민감한 시기에 발언했던 외교 당사자들의 말을 그대로 인용해 놓은 것이다. 게다가 외교 분쟁을 불러일으킬 수도 있는 위험한 말들이 대부분이었다.

이 책 앞부분에서 인용했던 박철언의『바른 역사를 위한 증언』의 경우, 2005년에 출간되었기 때문에 증언 시점으로부터 15~20년 지났다는 점, 관련 당사자(김일성 및 관련 보좌진)들이 사망했다는 점 등 이명박 대통령의 자서전과는 전혀 다르다. 이명박 대통령의 경우 퇴임 1년 남짓 지난 후 비밀로 추정되는 각종 외교 현안을 자서전에 적시하고 있다는 점은 누가 보아도 부적절한 것이다.

자서전 4장의 '한·중 관계의 질적 변화' 편에는 2012년 1월 10일 중국 조어대에서 원자바오 당시 중국 총리와의 회담 장면이 나오는데, 이 전 대통령이 원자바오에게 "김정은도 김정일처럼 죽을 때까지 집권할 텐데 우리에게 참고 인내할 시간이 있겠느냐"고 하자, 원자바오가 "역사의 이치가 그렇게 되겠습니까"라고 답했다고 썼다.* 이는 남북 및 한·중 관계에 아주 예민한 대화로, 이런 발언들은 중국의 동의를 받지 않는 한 책에 인용하면 안 되는 얘기들이다. 특히 책에는 원자바오 총리와의 대화가 가감 없이 나오는데, 대화 내용이 통째로 인용된 곳도 있었다. 이런 일이 반복된다면 한·중 외교 문제로 비화할 수 있는 매우 민감한 사례다.

'북한의 정상회담 제안과 천안함·연평도 도발' 편에서 2009년 8월 김대중 전 대통령 조문을 하러 왔다가 청와대를 방문한 김기남 북한 노동당 비서의 남북관계와 핵문제에 관한 발언도 책으로 공개하기에는 매우 위험한 것이다. 남북정상회담을 요구한 북한이 그 전제로 요청했다는 쌀·비료·옥수수 물량 등에 대한 남북 관계자들의 발언도 마찬가지이다. 이런 내용은 공개되면 그 발언 당사자가 북한에서 어떤 일을 당할지 예상할 수 없는 민감한 발언들이다. 심지어 이명박 대통령이 김기남 비서의 어깨를 두드리며 "이제 앞으로 좀 잘 하세요"라는 말을 했다는 대목에서는 실소가 터져 나왔다. 북한 입장에서 매우 불쾌한 장면들이다.**

무슨 목적으로 이런 책을 썼는지 모르지만, 대통령지정기록물이나 비밀기록을 열람하지 않고서는 책을 쓰는 것이 불가능해 보였다. 이런 책을 집필하는 것에는 어떤 법적인 문제가 있을까?

우선 이명박 대통령 이외에 누군가 위임을 받아 대통령기록관에

---

* 이명박, 『대통령의 시간』, 알에이치코리아, 2015, 296쪽.
** 같은 책, 328~330쪽.

있는 비밀기록 및 대통령지정기록물을 봤다면 열람한 사람이 대통령인 '보안업무규정'이 정하는 비밀취급인가권자인지 확인되어야 한다. 왜냐하면 이명박 대통령은 비밀기록을 전부 대통령지정기록물로 지정했기 때문에 대통령지정기록물에는 비밀기록과 비밀이 아닌 기록이 뒤섞여 있으므로 지정기록물을 열람하는 사람도 비밀취급인가권이 있어야 하기 때문이다.

이에 대해 김두우 전 청와대 홍보수석은 "대통령이 위임한 사람이 대통령기록관에 가서 대통령기록물을 수 차례 열람한 것으로 알고 있다"며, "기본적으로 대통령과 참모들의 기억이 있고, 메모도 있다"고 답변했다.* 하지만 김두우 홍보수석의 발언은 현재까지 사실로 확인되지 않고 있다. 대통령지정기록물 및 비밀기록을 누가, 언제, 어떤 방법으로 봤는지 구체적으로 공개해야 하지만 국가기록원과 이명박 대통령 측에서 현재까지 비공개하고 있기 때문이다. 그런데 주목할 만한 내용이 공개되었다. 정보공개센터가 '전직 대통령의 대통령기록 온라인 열람 요구에 따른 온라인 열람 장비 설치 현황'에 대해 대통령기록관에 정보공개청구를 했더니, 놀랍게도 이명박 대통령 사저에 온라인 열람 장비를 2013년 2월 24일에 설치했다는 답변이 왔다. 다만 이명박 대통령 측에서는 온라인 열람 장비로는 대통령지정기록물 등을 볼 수 없다는 답변을 했다.

이명박 대통령이 대통령지정기록물을 봤는지는 외부에서 알 길

---

* 김규남, 「MB 회고록 집필 때 대통령기록물 수 차례 열람」, 『한겨레』 2015. 2. 2.

이 없다. 다만 중요한 것은 비밀기록으로 추정되는 내용을 책으로 출판해 외교적 혼란을 주었다는 것이다. 이는 형법의 공무상 비밀누설죄 및 대통령기록물법 제30조(비밀누설의 금지 등을 위반한 자), 공공기록물법 제51조(비공개 기록물에 관한 정보를 목적 외의 용도로 사용한 자)에 해당할 수 있는 심각한 상황이다. 무엇보다 전직 대통령으로서 매우 무책임한 행위이다. 결국 '이명박심판행동본부'라는 시민단체가 대통령기록물법 위반과 공무상 기밀누설로 검찰에 고발하는 일까지 벌어졌다.

더욱 걱정스러운 것은 최근 이명박 대통령과 비슷한 행보를 보이는 사람들이 많아지고 있다는 점이다. 김만복 전 국정원장은 2015년 10월 2일 언론 인터뷰에서 "노무현 당시 대통령과 북한 김정일 국방위원장 간에 상시 전화 통화를 할 수 있는 핫라인이 뚫려 있었다. 또한 기밀사항이지만 핫라인은 24시간 가동됐다. 핫라인과 연결된 우리 측 전화기 벨이 울리면 김정일 위원장의 전화였다"고 밝혔다.* 김만복 전 국정원장이 공동 집필한 『노무현의 한반도 평화 구상』에는 "김양건 북한 노동당 통일전선부장이 2007년 정상회담 직전 청와대에서 노무현 전 대통령을 비밀리에 만났다"는 등 이명박 전 대통령의 자서전처럼 비밀 내용이 다수 포함되어 있었다. 이는 전직 국정원장의 처신으로, 또 본인이 정치권에 입당을 앞두고 있는 시점에서 매우 부적절한 행보였다. 국정원은 이 사안에 대해서

---

* 최익재·유지혜, 「노무현·김정일 수시로 직접 통화했다」, 『중앙일보』 2015. 10. 12.

는 이명박 전 대통령 때와는 달리 인터뷰 발언과 책 내용이 국정원 직원법 제17조*를 위반했다며 김만복 전 국정원장을 검찰에 고발했다.**

비밀 정보를 공개할 때에는 명분이 있어야 한다. 2013년 미국 중앙정보국CIA과 국가안보국NSA에서 근무한 에드워드 스노든이 국가안보국의 무차별 개인정보 수집 등을 폭로하는 기밀문서를 공개해 전 세계에 파문을 일으켰다. 그는 이 폭로로 지금도 도망자 신세로 세계를 떠돌아다니고 있다. 국내 사례와 달리 이 폭로는 미국의 불법적인 감시에 대해 세계에 경종을 울리겠다는 의도가 있었다. 이명박 전 대통령, 김만복 전 국정원장의 경우는 이런 목적과는 거리가 멀다. 오직 자신의 정치적 목적으로 비밀 정보의 폭로가 이루어진다면, 국가의 안전과 평화는 기약할 수 없을 것이다.

---

* 국가정보원직원법 제17조는 재직 중은 물론 퇴직한 후에도 직무상 알게 된 비밀 누설을 금지하고 있으며, 이를 어길 경우 10년 이하의 징역이나 1,000만 원 이하의 벌금에 처한다.
** 「국정원, 김만복 전 국정원장 '비밀 누설 혐의' 고발」, MBC 2015. 10. 17.

7장

찌라시도
대통령기록인가

박근혜 대통령의
대통령기록관리

세월호와 기록

'세월호'라는 말만 들어도 가슴이 조여 오고 눈물을 흘리는 시민들이 여전히 많다. 세월호는 유가족뿐만 아니라 사실상 모든 국민들에게 깊은 상처를 주었고, 여전히 진상 규명과 해결이 제대로 이루어지지 않은 채 표류하고 있다. 여기서는 세월호와 기록에 대한 얘기들을 분석해 보도록 하자. 박근혜 정부가 세월호와 관련된 사안을 제대로 보존한다면 대통령기록의 상당 부분을 차지할 것이다. 후대에 대통령지정기록물로 세월호 관련 사안들을 평가할 수 있는 날이 오면 좋겠다.

세월호 참사가 발생했을 때 나는 정보공개센터 소장으로 근무하고 있었다. 정보공개센터의 '특기'(정보공개청구, 정보검색)를 이용해 진상 규명에 조금이라도 도움이 되고 싶었다. 활동가들은 진행하던 모든 업무를 중단하고 세월호 관련 정보들을 찾는 데 매달렸다. 공식적으로 2014년 4월부터 7월까지 세월호 관련 정보만 찾았다.

먼저 이 사건을 조사하면서 가장 많이 발견한 것은 공직자들의 책임 회피와 은폐이다. 매뉴얼이나 공문에 자신이 책임자로 규정되어 있는데도 이를 부인하는 사례들은 시민들의 공분을 자아냈다. 김장수 국가안보실장은 청와대 국가안보실이 재난 컨트롤타워가 아니라고 했지만, 해양수산부 위기관리 매뉴얼에는 컨트롤타워라고 명시되어 있었다.*

더 문제는 해양경찰청이었다. 당시 한 언론에서 해양경찰청이 문서 제목에서 '세월호'라는 단어를 삭제해 외부에서 검색할 수 없도록 만들고 있다는 보도를 했다.** 이 보도가 사실이라면 명백히 문서를 위조한 범죄 행위이다. 또한 자신들의 행위를 은폐하려는 의도가 있었다고 의심할 수 있다. 정보공개센터는 2014년 4월 16일부터 4월 30일까지의 해양경찰청 정보목록***을 분석한 결과, '세월호'란 단어가 없는 대신 'SEWOL', '세원호', '진도 여객선', '침몰선박', '진도전복사고' 등으로 표시된 세월호 관련 문서 제목을 발견할 수 있었다. 특히 세월호를 영어로 기재하거나 세원호라고 의도적 오타를 내는 것은 고의성이 다분해 보였다. 진상 규명으로 다가오는 자신들의 책임을 회피하려는 의도가 아니었는지 짐작한다.

사건이 발생하자 관련 문서의 비공개 비율도 급격히 높아졌다.

---

* 정보공개센터, 「컨트롤타워가 없다? 해양수산부 위기관리 매뉴얼엔 국가안보실이 실질적 컨트롤타워로 명시!」, 2014. 4. 24. http://www.opengirok.or.kr/3828.

** 김경수, 「"문서 제목서 세월호 삭제"… 검색 못 하게?」, KBS 2014. 4. 29.

*** '정보목록'은 정보공개법 제8조 1항에 규정되어 있는 사항이다. 정보공개법 제8조 1항 ① 공공기관은 그 기관이 보유·관리하는 정보에 대하여 국민이 쉽게 알 수 있도록 정보목록을 작성하여 갖추어 두고, 그 목록을 정보통신망을 활용한 정보공개시스템 등을 통하여 공개하여야 한다.

정보공개센터 조사 결과 세월호 참사 이후 '세월호'와 관련된 정보목록의 70퍼센트가량이 비공개로 문서를 생산하고 있는 것으로 드러났다. 2014년 4월 정보목록에서 '세월호'와 관련된 정보목록은 총 479건이었는데, 이 중 공개할 수 있는 목록은 135건으로 28.1퍼센트였고(부분공개 1건) 비공개목록은 343건으로 무려 71.6퍼센트를 차지했다.[*]

이후 '세월호 침몰사고의 진상규명을 위한 국정조사특별위원회'는 세월호 예비조사 전문가를 구성했는데, 나도 정보공개센터 소장 자격으로 이 위원회에 참여했다.[**] 당시 놀란 것은 해양수산부, 해양경찰청 등에 대한 자료제출 요구에 대부분 "자료가 없다"는 답변이 돌아왔다는 점이다. 4·16세월호참사특별조사위원회 청문회에서 증인들의 오만한 태도가 큰 문제로 지적되기도 했다. 공공기관들이 큰 사건이 발생하면 복지부동하거나 자신들의 책임을 회피하기 위해 온갖 방법으로 증거를 조작하는 일은 있어서는 안 된다. 향후 이 부분에 대한 진상 규명이 더욱 철저히 이루어져야 할 것이다.

2010년 국토해양부에서 '대형해양사고 예방을 위한 안전관리체제 운영개선연구'를 진행한 것으로 밝혀졌다. 이 연구의 목적은 2007년 12월 7일 발생한 허베이 스피리트호 사고 이후 유사 사고

---

[*]   정보공개센터, 「해수부 '세월호' 관련 문서 목록 70%가량 비공개!」, 2014. 5. 23. http://www.opengirok.or.kr/3895.
[**] 장승균, 「與野, 예비조사단 명단·기관보고 일정 공방 이어가」, 『투데이신문』 2014. 6. 17.

의 재발 방지를 위해 각종 안전대책을 점검하고 개선 방안을 마련하기 위해서였다. 연구 결과도 정부의 정책연구관리시스템인 '프리즘'(www.prism.go.kr)에 등록되어 있었다. 이 보고서에 안전관리체제 활성화를 저해하는 요인으로 "운항 일정이 바빠 시스템을 유지할 시간이 부족함, 안전관리 매뉴얼의 분량이 많음, 선원의 나이가 많음, 선원의 자질이 부족"이라는 조사 내용이 포함되어 있었다. 세월호 참사의 원인과 너무 흡사해 자료를 보며 소름이 돋았다. 저런 연구를 진행하고도 지난 4년 동안 무엇을 한 것인가.

세월호 참사는 여전히 계속되고 있다. 이 참사와 관련한 대통령기록 등이 잘 보존되어 다음 세대가 참고할 수 있기를 바란다. 그래서 이런 참사가 다시는 반복되지 않아야 한다. 그것이 기록의 힘이다.

대통령의 지시

세월호 참사 당일 대통령의 행적이 파악되지 않는다며 온갖 억측이 난무했다. 대통령의 행적에 의혹을 제기했다가 명예훼손 혐의로 기소된 가토 다쓰야 『산케이신문』 지국장 사건은 세계적인 주목을 받기도 했다.

녹색당은 2014년 10월 10일 세월호 침몰 직후 박근혜 대통령의 지시 사항을 공개하지 않는 청와대를 대상으로 서울행정법원에 정보공개거부처분 취소소송을 제기했다.* 이 과정에서 청와대는 세월호 침몰 당시 보고 및 지시 사항을 '대통령지정기록물'로 지정하겠다고 밝혔다.** 열람이 엄격히 제한되는 대통령지정기록물로 지정할 경우, 세월호 참사 진상 규명에 필요한 각종 자료제출 요구에 청와대는 비공개를 주장할 수 있게 된다.

대통령기록물법상 "대통령기록물은 공개함을 원칙"(대통령기록물법 제16조)으로 하며, 예외적으로 '대통령지정기록물' 제도를 두어 공개를 유보할 수 있도록 하고 있다. 하지만 법에는 대통령기록의 특성상 대통령기록을 대통령기록관으로 '이관할 때' 지정할 수 있도록 하고 있다. 시행령 9조에도 "대통령은 대통령기록물을 중앙기록물관리기관(대통령기록관)으로 이관하기 전에 대통령기록물 생산기관의 장이 첨부한 의견을 참고하여 대통령지정기록물로 지정하고 보호기간을 정하도록" 한다고 규정하고 있어, 이관 시점에 지정할 수 있도록 명문화해 두었다. 즉 대통령지정기록물 지정 여부는 퇴임 직전에 할 수 있다는 것이며, 대통령이 청와대에 재임할 때에는 대통령지정기록물로 지정될 수 있다는 예상을 근거로 비공개할 수는 없다고 봐야 한다.

또한 세월호 관련 사항이 대통령지정기록물 요건에 해당하는지

---

* 옥기원, 「녹색당, 세월호 기록 공개 거부한 청와대 상대 행정소송 제기」, 『민중의 소리』 2014. 10. 8.
** 이혜리, 「청와대 "세월호 침몰 당일 7시간 박 대통령 지시 기록 없다"」, 『경향신문』 2015. 8. 20.

도 의문이다. 대통령지정기록물의 지정 요건을 살펴보면 세월호 관련 사항은 어느 조항에도 해당되지 않는다. 군사·외교·통일에 관한 비밀기록, 대내외 경제정책, 정무직 인사 기록, 개인의 사생활, 대통령과 보좌진 사이의 의사소통기록으로 공개가 부적절한 기록물, 대통령의 정치적 견해나 입장을 표현한 기록물 중 세월호 관련 기록이 어디에 해당될까?

가장 근접한 것이 대통령과 보좌진들의 의사소통기록인데, 이는 공식적인 업무 내용이 아니라 사실상 개인적인 자문 등으로 한정해서 해석해야 한다. 참여정부의 경우 대통령과 보좌진들의 공식적인 의사소통기록은 e지원 시스템에 대부분 등록되어 공개로 설정되어 있다. 남북정상회담 대화록의 경우만 보더라도 노무현 대통령의 대화록으로 보고 대통령이 지시한 사항들이 다 기록되어 있음을 알 수 있다.

무엇보다 세월호 진상 규명을 위해 특별위원회가 설치되어 있었던 현실에 비추어 본다면, 세월호 관련 자료는 더욱 철저하게 공개해야 할 것이다. 사실 대통령지정기록물 문제가 터질 때마다 관련 자료가 지정기록물에 해당하는지는 외부에서 판단할 근거가 없다. 향후 이 부분에 대한 제도적 보완이 이루어져야 할 것으로 보인다.

더 큰 문제는 세월호 참사 당일에 청와대 국가안보실이 대통령에게 총 18회 보고를 했는데, 서면보고 11회는 기록이 있지만, 구두보고 7회는 기록이 없다는 점이다. 청와대는 이와 관련해, 대통령에게 구두로 보고하거나 대통령이 구두로 지시하는 내용에 대해서는 녹음도 하지 않고 별도 기록도 생산하지 않는 것이 관행이라고 밝혔다.*

이는 상당한 논란을 일으킬 수 있는 주장으로, 법적으로 말이 되지 않는다. 대통령기록물법 제7조 1항에는 대통령과 대통령의 보좌기관·자문기관 및 경호업무를 수행하는 기관의 장은 대통령의 직무수행과 관련한 모든 과정 및 결과가 기록물로 생산·관리되도록 하여야 한다고 규정하고 있다. 대통령 구두지시 사항이라도 기록이 없다면 무엇을 근거로 대통령 지시라고 말하고 외부로 전파할 수 있는지 납득하기 어렵다. 대통령은 말로 지시할 수 있지만, 참모는 그것을 기록으로 남겨서 정식 시스템에 등록해야 한다. 이렇듯 해명 자체가 법적으로 설명되지 않으니, 외부에서도 계속 문제제기를 하는 것이다.

'찌라시'가 대통령기록인가**

대통령기록 문제는 박근혜 대통령에게서도 터져 나왔다. 대통령기록물과 관련된 사안은 앞으로도 정권마다 매번 문제로 떠오를 가능성이 높다. 제도는 선진적이나 그 제도를 다루는 사람과 정치 문

---

* 김윤호, 「"세월호 참사, 대통령 보고 18회 중 7회 기록 없어"」, 『뉴스1』 2015. 8. 20.
** 전진한, 「'정윤회 찌라시'가 대통령기록인가?」, 『프레시안』 2015. 10. 21.

화가 후진적이라면 더욱 그렇다. 어떤 정치 영역에 유리한 방향으로 법을 해석할 경우 정치적 논쟁으로 비화되고 말 것이다.

서울중앙지방법원 형사합의28부는 2015년 10월 15일 대통령기록 무단 유출 관련 선고 공판에서 조응천 전 비서관에게 무죄, 박관천 경정에게 징역 7년을 선고했다. 이날 선고 가운데 법원은 정윤회 씨의 국정 개입 의혹을 담은 문건 유출이 '대통령기록물법 위반'이라는 기소를 인정하지 않고 사건 관련자 전부를 무죄 선고했다. 아울러 조응천 전 비서관의 공무상 비밀 누설 혐의도 인정하지 않았다. 조응천은 이 판결 이후 야당인 더불어민주당에 입당해 관심을 모았다.

향후 대통령기록물과 관련해 이 판결은 매우 중요한 의미를 가질 것이 분명하다. 대통령기록물의 범위에 대해 법적 해석을 한 첫 판결이기 때문이다. 이 사건을 좀 더 구체적으로 살펴보자.

『세계일보』는 2014년 11월 28일 1면에 청와대 공직기강비서관실이 작성한 「'靑 비서실장 교체설' 등 관련 VIP 측근(정윤회) 동향」이라는 제목의 청와대 내부 문건을 단독 보도했다. 박근혜 정부의 '비선 실세' 의혹을 받고 있는 정윤회 씨가 '문고리 권력 3인방' 및 '십상시'十常侍로 지칭돼 온 박근혜 대통령의 보좌진을 주기적으로 만나 국정에 개입했다는 내용이다.* 이 보도가 나가자 사건의 파장은 컸다. 청와대 측은 이 보도에 대해 해당 문건은 "근거 없는 풍

---

* 김준모, 「비선실세그룹 '십상시'… 국정 정보 교류·고위직 인사 간여」, 『세계일보』 2014. 11. 28.

설을 모은 찌라시(증권가 정보지)에 나온 내용을 모아 놓은 것에 불과하다"며 깎아내렸다. 박근혜 대통령은 12월 1일 청와대 수석비서관회의에서 "청와대 문건을 외부로 유출한 것은 결코 있을 수 없는 국기문란 행위"라고 사건 담당자들을 강력히 비판했다.

청와대는 문건을 찌라시라고 함으로써 해당 문건이 정식 대통령기록물이 아니라는 점을 명확히 했다. 따라서 찌라시에 불과한 기록을 유출한 조응천·박관천 사건이 대통령기록물법 위반에 해당되는지가 문제의 핵심일 것이다. 우선 '기록'이 무엇인지 분석해 보아야 한다.

공공기록물법 제5조에는 기록물관리의 원칙으로 "공공기관 및 기록물관리기관의 장은 기록물의 생산부터 활용까지의 모든 과정에 걸쳐 진본성眞本性, 무결성無缺性, 신뢰성 및 이용가능성이 보장될 수 있도록 관리하여야 한다"고 규정하고 있다. 이 중 가장 중요한 의미를 지니는 것이 진본성과 신뢰성이다.

'진본성'이란 책임성 있는 기관에서 공식적으로 생산한 기록이 맞는지, 합법적인 권한을 가지고 있는 기관에서 기록이 위·변조되지 않은 채로 관리되고 있는지를 확인하는 것이다. '신뢰성'은 해당 업무 과정에서 생산된 문건이 업무와 관련성이 있고, 그 내용을 신뢰할 수 있는지를 말한다. 이 두 가지를 포함해서 공공기록물법이 정한 네 가지 기준에 모두 부합할 때 공식적인 기록으로 인정받는다.

이번 사건을 여기에 적용해 보자. 청와대는 정윤회 씨의 국정 개입 의혹을 담은 문건을 '찌라시' 수준이라고 밝혀 그 내용이 공인되지 않았음을 강조한 바 있다. 이는 청와대에서 이 문건을 공식적 결재 라인을 거치지 않은 비공식 기록으로 본다는 것을 뜻하며(진본성 결여), 내용이 업무와 무관하다는 것(신뢰성 결여)을 의미한다. 즉 대통령기록으로 인정되지 않은 단순 문건에 불과하고, 그 내용도 최종 결재권자인 대통령이 인정하지 않았다. 사실상 청와대가 공식적으로 만든 문건이 아니라, 일부 비서진들이 생산한 비공식 기록이라는 뜻이다.

사정은 이러함에도 청와대는 "찌라시도 대통령기록물에 해당한다"며 조 전 비서관 등을 검찰에 고발했다. 이에 대해 재판부는 "대통령기록물법은 대통령 관련 기록들이 제대로 보존되지 않는 상황을 반성적으로 보고 제정된 것"이며 "전자 파일이 존재하고 종이 원본도 이관돼 보존되고 있다면 추가 생산된 문서까지 기록물로 분류할 이유가 없다"고 밝혔다. 공식적인 문건으로 인정하지 않는 기록물까지 대통령기록으로 인정할 수 없다는 얘기이다. 이런 재판부의 판결은 당연하고, 합리적인 판단으로 보인다. 대통령기록물법에는 대통령기록물을 무단으로 은닉 또는 유출한 경우 징역 7년 이하로 처벌하게 되어 있다. 이렇듯 처벌 자체가 매우 엄중하고, 그래서 그 적용도 매우 신중해야 한다.

판결에 대해 검찰은 "원본과 같은 내용의 복사본이나 추가 출력본에 대해서는 얼마든지 유출이 돼도 괜찮다는 논리"라며 중앙지법에 항소장을 제출했다. 그러나 검찰의 항소 내용은 청와대 스스로 유출 문건이 찌라시에 불과하다고 밝힌 것과 논리상 맞지 않는다. 대통령기록물법상 유출 혐의를 적용하기 어려운 이유다. 또한 공무상 기밀 누설 등도 내용의 정확성을 인정하지 않았기 때문에 법 적용이 쉽지 않다. 결론적으로, 이 사건은 사실이 아닌 문건을 바탕으로 보도를 한 언론사에 대해 '출판물에 의한 명예훼손'만 다투면 되는 문제였다. 만약 이 사안에 대해 유죄 판결이 났다면 '찌라시'에 불과한 문건이 영원히 보존해야 할 '대통령기록'이 되는 기이한 현상이 발생했을 것이고, 후손들은 이 문건을 진실로 믿을 수밖에 없을 것이다. 대통령기록물법 적용 문제는 이와 같이 복합적이고 예민하기 때문에 임의로 법을 적용하다 보면 스스로 모순에 빠지게 된다는 것을 명심해야 한다.

국정교과서 집필진 비공개*

박근혜 정부에서 국민적 파문이 가장 컸던 사업이 국정교과서 추진이다. 전문가들과 시민들은 교과서 국정화 정책이 획일화된 역사관을 심어줄 수 있다는 문제제기를 하며 반대했지만, 정부는 끝내 국정교과서를 도입하기로 했다. 게다가 정부는 국정교과서 집필진과 편찬심의위원회를 비공개하겠다는 방침을 밝혔다. 교과서를 새로 쓰는 집필진을 비공개하다니 상식적으로 말이 되지 않는다. 이

---

* 전진한, 「국정교과서 집필진 비공개, 버티면 다친다」, 『프레시안』 2015. 11. 18.

러한 비공개결정이 과연 적법한 것일까? 비공개를 계속 유지할 수 있을까?

두 가지 법률을 바탕으로 분석할 수 있다. 첫 번째는 '국회에서의 증언·감정 등에 관한 법률'(국회증언감정법)이고 두 번째는 정보공개법이다. 먼저 국회증언감정법부터 살펴보자.

국회증언감정법 제4조는 "국회로부터 공무원 또는 공무원이었던 자가 증언의 요구를 받거나, 국가기관이 서류 등의 제출을 요구받은 경우에 증언할 사실이나 제출할 서류 등의 내용이 직무상 비밀에 속한다는 이유로 증언이나 서류 등의 제출을 거부할 수 없다"고 규정하고 있다. 이를 국정화 사례에 적용하면, 국회가 국정교과서 주무 기관인 교육부, 국사편찬위원회 및 청와대 교육문화수석 관계자들에게 증언이나 서류 제출을 요구할 경우 이를 거부할 수 없다. 다만 예외 조항이 있는데 "군사·외교·대북관계의 국가 기밀에 관한 사항으로서 그 발표로 말미암아 국가 안위에 중대한 영향을" 미치는 때에만 국회의 요구를 거절할 수 있다고 규정하고 있다.

하지만 국정교과서 집필진 및 편찬심의위원 명단은 군사·외교·대북관계의 국가 기밀과는 아무런 관계가 없다. 이러한 법 조항에도 불구하고 정부가 집필진과 편찬심의위원회 명단과 관련된 서류와 증언에 대해 비공개로 버틴다면 어떻게 될까? 국회증언감정법 제4조 2항에 따르면 국회는 "본회의 또는 위원회에 출석하여 해명하도록 하거나, 관계자에 대한 징계 등 필요한 조치를 요구할 수 있다"고 규정하고 있다. 따라서 최악의 경우, 증언을 요청받은 관련 공무원들이 징계 및 징역형(위증 등의 죄)도 받을 수 있다. 20대 국회가 출범하고 새로 선출된 국회의원들이 국정교과서 심의위원회 공개를 요구할 가능성이 높다. 과연 비공개를 유지할 수 있을지 의문이다.

다음으로 국민의 알 권리를 다루고 있는 정보공개법도 살펴보자. 정보공개법 제9조 1항 6호에는 "성명·주민등록번호 등 개인에 관한 사항으로서 공개될 경우 사생활의 비밀 또는 자유를 침해할 우려가 있다고 인정되는 정보"에 한해서 비공개할 수 있다. 그러면 국정교과서 집필진 및 편찬심의위원회 명단 공개가 이 조항에 해당하는 것인지 알아봐야 한다.

정보공개법 제9조 1항 6호 단서 조항에는 "공개하는 것이 공익을 위하여 필요한 경우로서 법령에 따라 국가 또는 지방자치단체가 업무의 일부를 위탁 또는 위촉한 개인의 성명·직업"은 공개하도록 하고 있다. 국정교과서 집필진 및 편찬심의위원회 경우가 정확히 여기에 해당하는 사례이다. 이 조항에 따라 각종 연구 용역에서는 연구책임자 및 연구참가자, 각종 위원회 및 심의위원회 명단 등의 공개가 상식처럼 되어 있다. 현재 정부가 운영하고 있는 정책연구관리시스템(프리즘)에도 각종 연구보고서 책임자들의 성명과 소속이 공개되어 있다.

법에서 공개로 규정하고 있더라도 정부가 비공개하기로 결정한 것을 공개로 전환하게 만드는 데에는 많은 어려움이 따른다. 정보공개청구를 하더라도 얼마든지 비공개결정을 내릴 수 있고, 정보공개심의회에서도 주무 부처의 뜻을 거슬러 대시민 공개를 관철하기가 어렵기 때문이다.

그러나 정보공개청구는 행정심판 및 소송이라는 절차를 가지고 있다. 만약 정보공개청구자가 비공개결정에 불응하여 행정심판 및 행정소송을 제기할 경우 행정심판위원회나 법원에서 비공개결정을 유지할 명분이 없다. 그동안의 정보공개청구 경험을 바탕으로 하면 이 사례는 당연히 공개되는 사안이다. 행정심판위원회나 법원에서 공개결정을 할 경우 정부에서 비공개를 고집한다고 하더라도 강제 공개가 가능하다. 결국 짧게는 수 개월, 길게는 2~3년 안에 공개될 것이 거의 확실하다. 현재 관련 정보도 행정소송에 제기되어 있어 조만간 법원의 판단이 있을 것이다.

요약하면, 정부에서 국정교과서 집필진과 편찬심의위원회 명단의 비공개를 무리하게 유지하면 국회증언감정법에 따라 공무원들이 징계나 처벌을 받을 가능성이 높고, 비공개를 유지하는 것 그 자체도 행정심판위원회 및 법원에 의해 어렵다는 것이다. 결국 국정교과서 집필진은 언젠가 공개될 것이 자명하며, 비공개로 집필을 추진했다는 것 자체가 정당성에 큰 손상을 입힐 것이다.

박근혜 정부의 교과서 국정화 추진 사업은 중요한 대통령기록으로 남아 있을 것으로 예상한다. 이 정책을 추진할 때 어떤 과정을 거쳤는지 역사가 기록으로 평가할 것이다. 하지만 국정교과서 집필진을 비공개하는 것은 상식적으로 납득할 수 없다. 비공개는 곰팡이를 자라나게 하고 햇볕을 비추는 순간 그 추악한 모습은 더욱 도드라져 보인다. 박근혜 정부는 정보공개 캠페인의 영어 명칭이 선샤인액트Sunshine Act인 이유를 생각해 보라. 그리고 후대의 평가를 위해서도 국정교과서 관련 정보를 공개로 전환하는 것을 고민해야 한다.

박근혜 정부와 '정부 3.0'

박근혜 정부는 출범 초기부터 대표적인 국정 과제로 '정부 3.0'을 내세웠다. '정부 3.0'이란 공공정보를 적극 개방·공유하고 부처 간 칸막이를 없애며 정보를 소통하고 협력함으로써 국민 개개인에 대해 맞춤형 서비스를 제공하는 새로운 정부 운영 방침이다. 박근혜 정부는 이를 위해 '투명한 정부, 유능한 정부, 서비스 정부'라는 3대 목표를 정하고 각 목표 아래 다음과 같은 여덟 개의 핵심 과제를 두었다.

세부 목표를 살펴보면 ① 찾아가는 서비스 및 사각지대 해소, ② 개인 맞춤형 통합 서비스 제공, ③ 민간 참여로 서비스 전달체계 혁신, 유능한 정부를 위해 ④ 클라우드 기반의 지능정부 구현, ⑤ 협업과 소통을 통한 정부 정책의 역량 제고, ⑥ 빅데이터를 활용한 과학적 행정 구현, 투명한 정부를 위해 ⑦ 정보공개제도의 전면 재정비, ⑧ 공공데이터의 민간 활용 기반 혁신 등으로 요약된다. 박근혜 정부가 이 목표를 내세울 때 매우 긍정적이었다.

이 정책은 사실 미국, 호주, 영국 등 해외에서 시작되었다. 특히 오바마 정부는 취임 이후 시민에게 필요한 정보를 적극적으로 제공하는 거버먼트 2.0 운동을 전개했다. 거버먼트 2.0 운동은 전자정부 서비스를 공급자 중심에서 사용자 중심으로 전환하고, 행정서비스의 효율을 향상하기 위해서 도입한 서비스다. 세계적으로 스마트폰이 도입된 후 새로운 흐름으로 자리 잡았다.

예를 들어, 미국 샌프란시스코에 사는 주민들은 인터넷으로 지역에서 일어난 강도·성폭행·절도 등 각종 범죄 정보와 통계를 항상 볼 수 있다. 스폿크라임SpotCrime 사이트에서 샌프란시스코를 선택하면 구글 지도 위에 발생 장소와 유형별로 분류된 범죄 지도가 표시되고, 개별적인 사건에 대한 설명이 나온다. 이 사이트로 특정 지역에서 어느 시간대에 범죄가 자주 발생하는지 알 수 있어, 시민이나 경찰 당국은 대비책을 세우는 데 도움을 받는다. 2007년에 시작된 에브리블록EveryBlock은 도시나 구처럼 광범위한 지역이 아닌 동네·마을·거리 등 '내 생활영역'에 초점을 맞춘 사이트로, 현재 뉴욕·워싱턴DC·시카고 등 15개 도시가 서비스 대상 지역이다. 에브리블록은 뉴스나 웹에 흩어져 있는 지역 정보를 한곳에 모아서 보여주는 것을 목적으로 한다. 정보의 출처는 다양하다. 범죄 현황, 건축 허가 현황, 부동산 매매 정보, 식당 위생 평가, 도로 상태 등의 정보는 공공기관의 홈페이지에서 얻고, 온라인에 정보가 없을 때에는 공공기관에서 직접 제공한다.*

---

* 전진한, 「거버먼트 2.0 운동으로 적극적 정보 공개에 나서는 미국」, 『오마이뉴스』 2010. 3. 13.

이러한 정책을 한국에 소개하고 공공기관에 캠페인을 제안한 것은 NGO다. 정보공개센터 및 CC코리아(크리에이티브 커먼즈 코리아) 등은 이 제도를 꾸준히 소개하고 공공기관에 협업을 처음으로 제안했다. CC코리아는 호주·미국·영국 등의 거버먼트 2.0 운동을 꾸준히 소개하고 있었고, 실제로 각종 데이터를 이용해 양방향 정보를 소통하는 앱을 만들기도 했다. 정보공개센터는 2010년에 과천시의회와 서울시교육청에 이 캠페인을 제안했고, 2012년부터는 서울시에 제안하면서 사회적 공감을 끌어냈다. 특히 서울시교육청과는 2011년 3월 3일 '개방·공유·소통의 열린 서울교육 2.0'이라는 협약식을 맺고 구체적인 실행 방안을 논의했다. 서울시교육청이 보유하고 있는 기록을 세세하게 파악해 정보공개청구 등을 하지 않아도 정보가 미리 공개되도록 하고, 그동안 관행적으로 비공개했던 정보들을 적극적으로 공개하겠다는 게 주요 내용이다.

협약식 이후 곽노현 서울시교육감은 조직·인력·예산 등을 투입하고 각 분야 전문가들을 위촉해 시민들이 필요로 하는 정보를 수집했다. 서울시교육청은 첫 번째 개혁 과제로 '우리 동네 학원 정보 알기'라는 앱을 개발해 그동안 내부용으로 관리해 온 서울시내 학원 위치 및 학원 비용 현황을 시민들이 공유할 수 있도록 했다. 이 앱을 설치하면 자녀들이 다니는 학원이 교육청에 수강비를 얼마로 신고했는지 실시간으로 알 수 있고, 신고 금액보다 수강비를 많이 받는 경우 교육청에 신고할 수 있다. 서울시교육청 직원들과 외부 위원들이 수 개월에 걸쳐 논의한 끝에 만들어낸 앱이었다. 처음에는 학원 위치 등을 공개하는 것이 법적 문제가 되지 않을지 고민했지만, 결국 학부모들의 알 권리가 더 중요하다는 판단으로 앱을 만들었다. 서울시교육청은 서울시내에 있는 학교의 시설 공사에 대한 수의계약, 입찰계약, 하청공사 정보까지 모두 다 세밀하게 공개하도록 추진했다.* 사실상 공공기관으로서 정부 3.0 정책을 최초로 시행했던 셈이다.

과천시의회도 2010년 10월 19일 정보공개센터와 '개방·공유·참여를 위한 지방의회 2.0' 협약식을 열고, 열린 지방의회 운영을 약속했다. 당시 과천시의회는 정보공개센터의 정보공개 권고안을 받아들여 해외연수계획, 업무추진비 세부명세 등을 공개하기로 했다. 아울러 시민들이 쉽게 과천시의회 정보를 찾을 수 있도록 누리집을 개편하고, 소셜네트워크서비스SNS도 활용할 수 있도록 스마트폰 애플리케이션도 개발했다.

서울시도 박원순 서울시장 부임 이후 파이시티 사건 및 각종 문제가 되었던 7대 이슈사업에 대해 모든 문서를 공개하고 각종 정책과정을 담은 회의록을 누리집에 공개해 시민들의 많은 지지를 받았다. 파이시티 사건은 서울 양재동 복합물류단지 개발 시행사인 파이시티의 인허가 로비 사건으로, 이명박 정부의 핵심 실세였던 최시중·박영준이 이 사건으로 구속되었다.

또한 서울시는 정보공개정책과를 신설하여 서울시에서 민감한

---

* 전진한, 「서울교육청의 정보 공유 실험」, 『경향비즈』 2011. 7. 4.

정보공개 문제에 대해 컨트롤타워 구실을 하도록 했다. 정보공개심의회 위원 13명 중 10명을 외부인으로 선임하여 민감한 정보공개에 대해 시민의 입장에서 결정을 내리기 위해 노력했다. 나도 2015년부터 심의위원으로 참석하고 있는데, 모든 논의 과정이 회의록으로 작성되어 누리집에 공개되고 있어 새삼 감탄할 때가 많다.

2013년에는 서울시 공무원들이 생산하는 문서 중 비공개를 제외한 모든 문서를 실시간으로 공개하는 '서울정보소통광장'(opengov.seoul.go.kr)을 만들어 800만 건의 문서를 공개하고 있다. 이 사이트는 『한겨레』 사람과디지털연구소에서 주최하는 '휴먼테크놀로지 어워드' 시상식에서 2015년 사회혁신부문 최우수상을 받았다. 2016년에는 지방자치단체 최초로 '서울시기록원'을 신설하여 서울시 본청뿐만 아니라 구청과 산하기관의 알 권리 정책을 총괄 관리하는 것을 목표로 삼고 있다.

박근혜 정부도 이런 선례들을 참고하는 동시에 한 단계 '버전 업'을 하겠다는 포부로 캠페인 이름도 '정부 3.0'으로 정했다. 서울시와 서울시교육청의 정보 공유 사례를 한 단계 넘는 정책을 펼치겠다는 비전을 제시했지만, 2016년 현재까지 정부 3.0 정책에 큰 점수를 주기는 힘들다. 예를 들어, 2015년 6월 메르스 사태가 발생했을 때 정부 3.0 정책은 큰 효과를 발휘할 수도 있었을 것이다. 메르스 환자가 확진된 후 만약 정부 3.0 정책을 적용해 관련 대책을 세웠다면 어떻게 되었을지 시나리오를 그려보자.

메르스 환자 확진 후 정부는 관련 병원 정보와 환자 치료 과정 및 접촉자들의 이동 경로를 적극적으로 개방·공유하고, 청와대와 중앙정부(보건복지부·행정자치부 등) 및 지방자치단체와 관련 전문가들에게 정보를 전파해 칸막이를 없애고, 범정부적인 대책본부를 만든다. 아울러 위험 요인과 예방법에 대한 상황별 맞춤형 정보를 각종 매체 및 문자를 통해 제공하여 시민들의 불안감을 해소시키면서 사태를 해결해 나간다.

이것이 바로 정부 3.0 정책을 재난 사태에 대입했을 때 나오는 시나리오이다. 이런 과정으로 메르스 사태를 일사불란하게 해결했다면 시민들에게 큰 찬사를 받았을 것이다. 그러나 정부는 병원의 반발과 국민의 불안감을 이유로 관련 정보를 비공개로 일관했고, 국민들은 각종 정보를 사적으로 유통하며 자체적으로 해결하기 바빴다. 이는 정부 3.0 캠페인을 국가 비상사태와 분리해서 사고한 결과였다. 정부 3.0 캠페인은 메르스 사태에 전혀 적용되지 않았고 또다른 '부처 칸막이'를 만들고 말았다.*

의욕적으로 추진했던 정보공개시스템(정보공개포털 누리집) 개편 작업은 6만 581건의 개인정보가 대구의 한 시민단체에 노출되어 큰 문제가 발생했고, 시스템의 각종 오류로 이용자들의 큰 불만을 샀다.** 정보공개시스템은 세계적으로 호평을 받는 사이트였지만,

---

* 전진한, 「박근혜, 매뉴얼도 있었는데 골든타임 놓쳤다」, 『프레시안』 2015. 6. 7.

** 강국진, 「오류 없는 정보공개시스템 위해서라면 시민단체 찾아 '쓴소리'도 달게 듣는다」, 『서울신문』 2015. 11. 25.

최근 몇 년 동안 계속된 오류에 시달리고 있다. 이 시스템은 참여정부에서 도입되었고 정보공개청구가 활발해진 계기가 되었지만, 각종 오류로 시민들에게 손가락질을 받고 있는 현실이 안타깝다.

나 역시 많은 비판을 했지만 '정부 3.0'은 훌륭한 정책임이 분명하다. 세계적으로도 정부 및 기업의 데이터를 공유하고 이를 바탕으로 새로운 정책을 만들어 가는 것이 새로운 흐름이다. 정부가 제아무리 큰 예산을 들여 각종 시스템을 만든다고 하더라도 네이버·구글·페이스북 같은 민간 기업의 협조를 얻지 못한다면 그 정보는 시민들에게 전달되지 않는다. 정보에서 소외되다 보면 반드시 큰 문제가 발생한다.

지난 2015년 서울 양천구의 다나의원에서 C형간염 집단 감염 사태가 발생했다. 질병관리본부에 따르면, 총 100여 명의 C형간염 환자가 다나의원에서 전염된 것으로 드러났다. 그런데 중요한 것은 데이터로 미리 문제를 파악해 예방할 수 있었다는 점이다. 건강보험심사평가원의 병원 평가 정보에 따르면, 2010~2015년 다나의원의 주사제 처방 비율이 최저 83퍼센트에서 최고 99퍼센트(2013년 상반기)까지 비정상적인 수치를 기록하고 있었으나 보건 당국은 별다른 조치를 하지 않았다(의원급 평균 주사제 처방 비율은 20퍼센트). 참고로 서울 송파구 방이동 모 소아청소년의원은 주사제 처방 비율이 1.47퍼센트이다.* 보건 당국은 알고도 묵인한 것인지, 아니면 수치

---

* 전진한, 「메르스·다나의원, 시민은 무섭다」, 『프레시안』 2015. 12. 29.

를 무시한 것인지 철저한 진상 규명이 필요한 대목이다. 또한 주사제 처방 비율 같은 정보를 포털 등을 통해 시민들에게 효과적으로 전달했다면 같은 사고가 반복되었을지 의문이다.

이렇듯 정부가 생산하는 각종 정보를 시민들과 공유할 수 있도록 적극적으로 노력해야 한다. 시민의 알 권리는 시민의 살 권리이며, 정보의 유통은 곧 피의 흐름과 같아서 어느 순간 정보의 흐름이 막히면 동맥경화처럼 반드시 우리 사회에서도 문제가 발생할 수밖에 없다.

기록 민영화*

2015년 8월, 귀를 의심할 만한 소식이 들려 왔다. 행정자치부 산하 국가기록원이 공공기관(공기업 등)이 생산한 전자기록을 민간 기업에 위탁·보존할 수 있도록 공공기록물법 개정을 추진하겠다고 밝힌 것이다. 국가기관, 지방자치단체, 각급 학교 등을 제외한 한국전력공사·한국수출입은행·국민건강보험공단 등 850여 개 기타 공공기관 기록물을 민간시설이 보존·관리할 수 있도록 법안 개정을 추진하겠다는 내용이었다. 또, 기록보존 민영화를 통해 민간 기업을 활성화해 일자리를 창출하겠다는 뜻도 있다고 했다. 이 개정안

---

* 전진한, 「박근혜 정부, 기록보존마저 민영화하나?」, 『프레시안』 2015. 8. 11.

이 발표되자 기록 관련 학회 등 많은 전문가들이 반대했다. 여기에 어떤 문제가 있는지 살펴보자.

먼저 공공기관의 보안 누설과 국가기록 민영화 문제 등 여러 면에서 전혀 준비되지 않는 사안이다. 정부는 이 개정안이 기업들의 요청을 반영한 것이라고 밝혔다. 2015년 7월 10일 국무조정실 보도자료를 보면 경제단체 릴레이 간담회에 이 사안이 언급되어 있는데, 현재 "공공기관은 기록물 보존을 위해 기록물관리기관을 설치·운영해야 하며, 전자문서법상 공인전자문서센터* 활용은 불가하여 기록물 보관 관련 신규 투자 수요를 저해"한다고 밝히고 있다. 따라서 "공공기관이 '민간기록물관리시설'(기록원장 지정·고시)을 활용하여 전자기록물을 보존·활용할 수 있게 허용하는 방안을 마련"해야 한다고 적시하고 있다. 이는 공공기관의 기록보존과 관리에 있어 공인전자문서센터 등 민간기관의 활용을 합법화해서 투자를 활성화시켜야 한다는 주장이다.

아울러 경제단체들은 "보존기간 10년 미만 문서의 경우 민원처리상 발생하는 접수증, 통지서, 전표 및 장표 등의 문서가 대부분이며, 이들 문서의 경우 사료적 가치가 높지 않으므로 공인전자문서센터에 보관하더라도 문제의 소지가 없다는 것이 학계 및 공공기관의 의견"이라고 밝혔다. 하지만 여기서 말하는 학계가 어디를 말

---

* '공인전자문서센터'는 미래창조과학부의 지정을 받은 LG CNS·한국무역정보통신 등 네 곳이 개인·단체 등의 전자문서를 보관하고 열람·증명·유통하는 서비스이다.

하는 것인지 불분명하다. 적어도 기록 관련 학회 등은 이 개정안에 대해 반대했기 때문이다. 그리고 10년 이하의 문서는 사료적 가치가 높지 않다는 얘기도 무엇을 근거로 나왔는지 궁금하다. 기록학계 전문가들은 10년 이하 문서에서도 민감한 정보를 담은 기록이 가득하다고 지적하고 있다. 자신들의 논리를 앞세우기 위해 기록의 가치를 저평가하는 것은 중단해야 한다.

국가기록원은 공공기관이 해야 할 일을 왜 민영화에 의지하는지 설명하지 못한 채 이 사업을 밀어붙였다. 보안성 문제도 큰 논란이 되었다. 한국수력원자력, 국민건강보험공단, 건강보험심사평가원 등 공공기관의 기록들을 보면 수많은 비밀기록과 민감한 개인기록이 즐비하다. 이번 개정안에는 이런 기록까지 보존·관리를 위탁할 수 있는지 밝히고 있지 않았다. 비밀기록 및 개인정보 기록을 일부 대기업이 운영하는 공인전자문서센터 등에 보관할 경우 보안 누설 등 그 책임성도 문제가 될 수 있다.

국가기록원은 "기록물을 무단으로 은닉하거나 유출한 자"를 처벌할 수 있는 주체인 공무원에 추가로 민간기록물관리시설의 임직원을 규정하였기 때문에 문제가 없다는 입장이다. 아울러 "보안 및 개인정보 등 민감한 기록은 시행령 등을 만들어 제외하겠다"고 밝혔다. 하지만 많은 전문가들은 현실성이 없다는 입장이다. 과연 수많은 기록 중 구체적인 기록의 종류를 시행령으로 적시해 제외할 수 있겠는가.

이 개정안은 관련 학계 및 전문가들의 비판이 이어지면서 입법화되지 않았지만, 향후 언제라도 재추진될 수 있는 사안이다. 그런데 이번 개정안의 주체 역시 국가기록원이라는 점이 문제다. 국가기록원은 중앙정부, 지방자치단체, 공공기관의 기록관리를 중앙정부 차원에서 활성화하고, 각종 시설 및 인력을 지원해야 할 기관이다. 그런 국가기록원이 공공기관의 기록을 민간이 보존할 수 있도록 하는 개정안을 추진하여 스스로 역할을 포기한 것이 아니냐는 비판의 목소리가 높았다. 이명박 정부에서의 기록관리전문요원 자격 완화나, 보존기간 1, 3년 기록을 외부 심의 없이 폐기할 수 있도록 하려고 했던 것도 마찬가지이다. 국가기록원은 정권이 바뀔 때마다 스스로 역할을 포기하는 일을 더 이상 해서는 안 될 것이다. 그럴수록 중앙기록물관리기관으로서의 위상만 흔들릴 뿐이라는 점을 명심해야 한다.

8장

대통령기록제도의
개선점

대통령기록물법 중 가장 중요한 조항은 제 17조 '대통령지정기록물의 보호' 조항이다. 대통령지정기록물 제도는 대통령기록물법을 지탱하는 가장 중요한 제도이며, 이 조항의 취지를 정확히 알지 못하면 법은 사문화될 가능성이 높다. 다시 법 조항을 살펴보면, "법령에 따른 군사·외교·통일에 관한 비밀기록물로서 공개될 경우 국가안전보장에 중대한 위험을 초래할 수 있는 기록물, 대내외 경제정책이나 무역거래 및 재정에 관한 기록물로서 공개될 경우 국민경제의 안정을 저해할 수 있는 기록물, 정무직 공무원 등의 인사에 관한 기록물, 개인의 사생활에 관한 기록물로서 공개될 경우 개인 및 관계인의 생명·신체·재산 및 명예에 침해가 발생할 우려가 있는 기록물, 대통령과 대통령의 보좌기관 및 자문기관 사이, 대통령의 보좌기관과 자문기관 사이, 대통령의 보좌기관 사이 또는 대통령의 자문기관 사이에 생산된 의사소통기록물로서 공개가 부적절한 기록물, 대통령의 정치적 견해나 입장을 표현한 기록물로서 공개될 경우 정치적 혼란을 불러일으킬 우려가 있는 기록물"을 대통령지정기록물로 보호하고 있다.

대통령지정기록물에 대한 보호기간은 "15년의 범위 이내에서 정할 수 있"도록 했으며, "다만, 개인의 사생활과 관련된 기록물의 보호기간은 30년의 범위 이내로" 하고 있다. 이러한 조항을 왜 만들었는지 그 역사적 맥락을 아는 것이 중요하다.

과거 대통령들은 내밀한 대통령기록을 거의 만들지 않았다. 얼마 전 김영삼 대통령이 서거했지만 불행히도 김 대통령이 재임 기간 중에 남긴 기록은 현재 대통령기록관에 있는 10만 3,294건밖에 없다. 그조차도 대부분 대통령 재가기록과 시청각기록(사진) 등이 대부분이다. 김영삼 대통령이 재임하는 동안 중요한 사건과 국가의 운명을 결정짓는 의사 결정이 특히 더 많았음에도 대통령기록은 초라하기 짝이 없다.

물론 김 전 대통령 재임 시절에는 대통령기록물법이 존재하지 않아 제도상 체계적 기록 관리 및 보존을 할 수 없었다. 당시에는 임기가 끝나면 대부분 기록을 외부로 가져가거나 폐기하는 것이 관례였다. 김영삼 대통령이 퇴임할 즈음 청와대 뒷마당에 서류 태우는 연기가 가득했다는 전설 같은 얘기도 들었다.* 전두환, 노태우 전 대통령의 기록도 자발적 기증에만 의존할 뿐 객관적으로 당시 상황을 입증할 만한 기록은 거의 남아 있지 않다. 참으로 안타까운 일이다. 예를 들어 전두환, 노태우 대통령이 사망할 경우 5·18 민주항쟁의 진실은 영원히 밝혀지기 힘들다. 또한 1987년 직선제 도입 과정

---

* 전진한, 「왜 YS는 자신의 흔적을 남기지 않았나?」, 『프레시안』 2015. 12. 1.

에서 그들 사이에 어떤 의견이 오고 갔는지 입증할 만한 대통령기록은 국가기록원에 존재하지 않는다. 이런 현실은 국가적 불행이며 후대에 부끄러운 일이다.

이런 현실을 개선해 보고자 만든 것이 대통령지정기록물 제도이다. 현직 대통령이 자신에게 불리한 내용의 기록이라 하더라도 대통령지정기록물로 남길 수 있게 하고 15년의 비공개 보호기간 후에는 역사적 평가를 받도록 하겠다는 의지가 반영된 제도인 것이다. '알 권리'도 '기록'이 있을 때 의미가 있다. 지금도 한국과 관련된 현대사 기록을 열람하려면 미국 국립기록관리처NARA를 방문해야 한다. 한국의 국가기록원보다 미국이 훨씬 내밀하고 상세한 기록을 보존하고 있기 때문이다. 시민들이 정보공개청구를 하거나 국회의원들이 자료제출 요구를 하고 싶어도, 요청할 수 있는 기록이 존재하지 않으면 무의미하다. 앞에서도 언급했지만 대통령지정기록물 제도는 여야가 합의해 만들었고 취지도 좋았다. 그러나 제도를 악용하고자 하면 제도는 현실을 따라갈 수 없다. 특히 이명박 대통령은 대통령지정기록물 제도를 악용했다는 비판을 받고 있다.

대통령지정기록물의 지정 시기와 범위

대통령지정기록물 제도와 정보공개제도에 대한 형평성 문제도 논란이 되고 있다. 시민사회가 청와대에 정보공개청구를 하면, 대통령지정기록물로 지정할 계획이 있다며 비공개하는 사례가 최근 늘고 있다. 대통령지정기록물의 특성상 임기가 끝난 후 기록 지정 여부를 판단하는 것인데, 기록 생산과 동시에 지정을 이유로 정보 공개 대상에서 제외하는 것은 문제로 지적될 수 있다.

비공개 대상인 정보는 정보공개법 제9조 1항에 해당하는 경우인데, 대통령지정기록물로 지정할 수 있다는 예측이나 계획을 평계로 비공개하는 것은 법의 취지를 왜곡하는 것으로 보인다. 이런 논리라면 대통령이 재임 기간 중에 생산한 기록은 모두 비공개 처분할 수도 있다. 그러므로 대통령기록에 대한 국민의 알 권리를 제한하지 않으려면, 대통령지정기록물은 대통령 퇴임을 6개월 앞둔 시점부터 일괄 지정할 수 있도록 관련 규정을 명문화해야 할 것으로 보인다. 즉 퇴임하기 6개월 이전에는 이 제도를 이유로 비공개할 수 없도록 만들자는 것이다.

정무직 공무원에 관한 인사 관련 자료도 대통령지정기록물로 적절한지 의문이다. 현재 국회법에 따르면 대통령이 지명하는 헌법재판소 재판관, 중앙선거관리위원회 위원, 국무위원, 방송통신위원회 위원장, 국가정보원장, 공정거래위원회 위원장, 금융위원회 위원장, 국가인권위원회 위원장, 국세청장, 검찰총장, 경찰청장, 합동참모의장, 한국은행 총재, 특별감찰관, 한국방송공사 사장의 후보자와, 대통령당선인이 '대통령직인수에 관한 법률' 제5조 1항에 따라 지명하는 국무위원 후보자, 대법원장이 각각 지명하는 헌법재판소 재판관 또는 중앙선거관리위원회 위원의 후보자에 대해서 인사청문회를 개최하도록 되어 있다.*

인사청문회가 열리면 사실상 모든 정보가 의원들에게 전달되며 이 중 상당수가 언론을 통해서 국민들에게 공개된다. 따라서 선출된 정무직 공무원에 관한 정보는 대통령지정기록물보다는 비공개 및 비밀기록으로 분류하는 것이 바람직해 보인다.

예비후보로 검증 단계에서 탈락한 후보자들에 대해서는 정권이 끝난 후 개인정보 보호상 폐기하는 것이 바람직해 보인다. 예비후보의 사생활을 포함해 관련 자료를 검증한 다음, 그 기록은 법적으로 보존할 근거가 없고 외부로 누설이라도 된다면 개인적으로 큰 불이익을 줄 수 있기 때문이다.

대통령지정기록물, 종이기록으로도 관리해야

대통령지정기록물의 보존 방식도 개선해야 할 것이다. 현재 대통령지정기록물의 대부분은 보존용 대통령기록관리시스템인 팜스 PAMS**에 의해 보존되고 있다. 대통령기록관에 있는 팜스는 전자기록보존시스템이라, 대통령지정기록물의 상태를 외부에서 확인하는 것이 거의 불가능하다. 남북정상 대화록이 대통령기록관리시스

---

* 국회법 제46조의 3(인사청문특별위원회) 제1항, 제65조의 2(인사청문회) 제2항.
** 대통령기록물영구관리시스템(Presidential Archives Management System).

템에 보존되어 있다고 문재인 의원은 판단했지만 정치권과 국가기록원이 막상 확인해 보니 존재하지 않았던 것처럼 대통령의 측근들도 대통령지정기록물의 보존 여부를 알 수 없다. 또한 공개 시점인 15년 후 팜스를 오픈했을 때 기록이 존재하지 않거나 프로그램 오류로 열리지 않는다면 큰 혼란을 일으킬 수 있다. 그때 만약 기록을 남긴 대통령이 생존해 있지 않다면 엄청난 국가적 손실이 발생할 것이 분명하다.

이런 문제 때문에 대통령지정기록물은 실물기록 형태(종이나 사진 등)로도 별도 출력하고 관리해야 할 것으로 보인다. 물론 실물기록으로 관리하면 누군가 열람할 가능성이 상존하고, 대통령지정기록물 각 건마다 보안장치를 설정해 놓아야 하는 등 관리비용도 많이 들어갈 수밖에 없다. 하지만 모든 제도가 완벽할 수는 없다. 상황에 맞게 제도는 변화되어야 하고 유동적으로 운영되어야 한다. 아무리 전자기록 시대라도 전자기록을 맹신하는 것은 위험하다. 시스템이 있어야만 구현할 수 있는 전자기록은 그 자체로는 물리적 실체가 없는 기록일 뿐이다.

국가기록원과 대통령기록관의 독립성 확보

우리나라 공공기록물법은 2000년부터 시행되었고, 대통령기록물법은 2007년부터 시행되었다. 공공기록물법 중 가장 문제가 되는 조항은 바로 중앙기록물관리기관의 조직 구성을 명시하고 있는 조항이다. 법에는 "기록물관리를 총괄·조정하고 기록물을 영구보존·관리하기 위하여 행정자치부 장관은 그 소속으로 영구기록물관리기관을 설치·운영하여야 한다"(공공기록물법 제9조 중앙기록물관리기관)고 규정하고 있다. 즉, 행정자치부 산하 기관이 우리나라 정부를 대표해 모든 기록물관리업무를 맡고 있다는 말이다.

현재 국가기록원은 행정자치부 산하 1급 기관이다. 기관장은 행정자치부 관료들이 순환 근무로 원장을 맡고 있다. 외부전문가가 원장으로 재직한 적은 없다. 원장으로 재직하는 기간도 대부분 1년 남짓이다.* 행정자치부 장관의 지휘를 받고 전문성이 없다 보니 독립적인 의사 결정은 사실상 쉽지 않고, 그로 인해 체계적인 기록관리는 불가능에 가깝다. 참고로 미국 국립기록관리처장은 아키비스트 자격이 있어야 하며 차관급 대우를 받는다. 또한 국립기록관리처장의 임기는 종신직이며 상원 청문회를 거쳐 임명되고, 관련된 사안이 있을 경우 의회에 직접 보고하게 되어 있다. 대통령이 국립기록관리처장을 해임하고자 할 때에는 상원에 그 이유를 설명해야 하는 등 독립성을 매우 중요하게 여긴다.**

---

* 역대 국가기록원장 및 재임 기간: 1대 김한욱(2004. 10. 1 ~ 2006. 7. 10), 2대 박찬우(2006. 7. 11 ~ 2007. 2. 22), 3대 김윤동(2007. 2. 23 ~ 2008. 2. 4), 4대 조윤명(2008. 3. 14 ~ 2008. 11. 14), 5대 정진철(2008. 12. 30 ~ 2010. 9. 12), 6대 박상덕(2010. 9. 13 ~ 2011. 9. 14), 7대 이경옥(2011. 10. 14 ~ 2012. 11. 22), 8대 박경국(2012. 11. 26 ~ 2014. 2. 27).

** 한국기록학회, 『기록학용어사전』, 역사비평사, 2008.

더 문제가 심각한 것은 대통령기록관이다. 대통령기록물법에는 "대통령기록물의 효율적 보존·열람 및 활용을 위하여 중앙기록물관리기관의 장은 그 소속에 대통령기록관을 설치하여야 한다"고 규정하고 있다. 행정자치부 소속 기관으로 있는 국가기록원에 다시 대통령기록관이 속해 있는 이상한 모양새가 되고 말았다. 구조가 이러하니 대통령기록관의 독립성을 보장받는 것은 처음부터 불가능했다. 전임 대통령이 선임하고 임기가 5년으로 되어 있는 대통령기록관장이지만, 임상경 초대 관장은 검찰에 고발을 당했다는 이유로 선임된 지 1년도 되지 않아 직무정지가 되고 다시는 대통령기록관장의 직무를 수행하지 못했다. 당시 임상경의 재직 기간은 7개월 남짓이었다.

이명박 정부는 2010년 3월, 2대 관장으로 김선진 당시 청와대 메시지기획관리관실 행정관을 선임했지만 2년 뒤 교체한다. 3대 관장은 2012년 3월 행정안전부 기획과장과 방위사업청 감사관을 지낸 박준하가 맡았으나, 정권이 바뀐 2013년 4월 인천시 기획관리실장으로 발령이 났다. 2014년 1월부터 현재까지 업무를 맡고 있는 이재준 관장도 박근혜 정부에서 청와대 2급 선임행정관으로 근무한 경력이 있어 독립성이 논란이 되었다.* 대통령기록관장은 우리나라의 대통령기록을 책임지고 관리하는 막중한 자리이다. 그러나 대통령기록관이 출범한 이후 제대로 시작도 못 해보고, 공무원이나 정

---

* 이태영, 「대통령기록관장 인사, 독립성 훼손 논란」, 『세계일보』 2014. 2. 2.

치인들이 거쳐 가는 일반 행정직으로 전락해 버렸다.

대통령기록관은 기관장이 자주 교체되다 보니 운영에 있어서도 전문성이 부족하다는 지적을 받고 있다. 독립매체인 『뉴스타파』가 2014년 1월에 비밀해제된 대통령기록물 17건에 대해 정보공개청구를 했는데, 대통령기록관이 이 중 10건을 공개에서 비공개로 변경해 버렸다. 비공개한 기록물 중 6건은 『뉴스타파』가 그전에 정보공개청구를 해서 이미 공개받은 자료들이었다. 정보공개청구에 대해 같은 기관에서 한번은 공개하고 다른 한번은 비공개한 것이다. 이런 일이 반복되면 기관의 신뢰성을 유지하기 쉽지 않다. 나는 서울시, 국민권익위원회, 특허청 등에서 정보공개 심의를 오래 맡아 왔지만 이런 일은 보지도 못했고 상상할 수도 없었다. 이런 코미디 같은 일이 발생하는 것은 대통령기록관이 제대로 역할을 못 하고 있음을 입증하는 것이다.

대통령기록관장과 동반자 역할을 하는 대통령기록관리전문위원회 또한 문제이다. 대통령기록물법 제5조에는 대통령기록관리전문위원회의 기능을 다음과 같이 규정하고 있다.

1. 대통령기록물의 관리 및 전직 대통령의 열람에 관한 기본정책

2. 대통령기록물의 폐기 및 이관 시기 연장의 승인

3. 대통령지정기록물의 보호조치 해제

4. 비밀기록물 및 비공개 대통령기록물의 재분류

5. 개별대통령기록관의 설치에 관한 사항

6. 대통령기록관의 운영에 관한 주요 사항

7. 그 밖에 대통령기록물의 관리와 관련한 사항

 법에 명시되어 있는 기능 중에서도 특히 대통령지정기록물의 보호조치 해제와 비밀기록물 및 비공개 대통령기록물의 재분류가 중요한데, 독립성이 없어 제대로 된 역할을 하지 못하고 있다. 일례로 남북정상회담 대화록 공개 논란 때나 이명박 대통령 자서전 출간 등 대통령기록물과 관련한 사안이 불거졌을 때, 이에 대해 위법성 여부를 판단해야 할 위원회는 별다른 견해를 내놓지 못했다. 대통령기록관리전문위원회의 첫 번째 역할이 "대통령기록물의 관리 및 전직 대통령의 열람"에 관한 것 아니던가. 얼마든지 관련 사안에 대해 견해를 밝힐 권한을 가지고 있다.

 위원회 운영 현황을 보면 더욱 문제점이 많이 보인다. 더불어민주당 임수경 의원이 대통령기록관에 요청해 받은 '대통령기록관리전문위원회 회의 결과 보고'에 따르면 위원장이 16차(2014년 12월 23일), 17차(2015년 2월 24일), 18차(2015년 5월 12일), 19차(2015년 8월 27일)까지 네 차례 연이어 회의에 불참했다. 상황이 이러함에도 대통령기록관리전문위원회는 아무런 조치를 하지 않았다. 위원장이 참석하지 않은 회의에서 제대로 된 논의가 진행되기 힘든 것은 당연하다.

 대통령기록관리전문위원회가 지엽적인 사안에 몰두하며 본연의 역할을 제대로 못 하는 모습은 현판 교체 논의에서도 드러났다.

2014년 「제15차 대통령기록관리전문위원회 회의 결과 보고」를 살펴보면 위원회의 역할과 직접 관련성이 없는 대통령기록관 현판 교체와 관련된 사안이 자세히 기록되어 있다. 당시 대통령기록관의 현판은 2008년 4월 대통령기록관장의 요청으로 신영복 교수가 쓴 글씨로 되어 있었다.

○ 신영복 교수가 써준 글씨로 공공기관의 상징적인 현판을 제작한 것은 문제가 있으므로 세종시 이전 시점에 현판을 교체하고 현재 현판은 기록으로 남겨 수장고에 보존시켜야 함.

○ 보수단체의 문제제기로 당장 현판을 교체하게 되면 좌파 정권의 기록물을 의식적으로 훼손하게 되는 것이며, 이 경우 좌파 단체에서 문제를 제기할 가능성이 있음. 세종시 이전 시점에 현판을 교체하고 새로운 현판은 공식적인 위치에 걸고 교체된 현판도 예우 차원에서 다른 장소에 걸도록 함.

○ 현판에 대한 시민사회의 논의가 충분치 않은 시점에서 선제적으로 위원회에서 결정할 필요는 없으므로 논의를 유보했으면 함.*

이 논의 후 대통령기록관 현판은 실제로 교체되었다. 정작 대통령기록이 사회적 문제로 등장했을 때에는 별다른 언급이 없던 위원회가 대통령기록관 현판을 가지고 논쟁하는 모습은 대통령기록관리전문위원회의 위상을 보여주고 있다. 결국 대통령기록관이 가지

---

* 김규남, 「맡은 일은 안 하고…」, 『한겨레21』 2015. 10. 12.

고 있는 많은 문제는, 독립성을 확보하지 못한 채 정권의 입맛대로 기관이 운영되다 보니 발생한 문제들이다. 하루 속히 대통령기록관의 위상을 높이고 독립성을 확보하는 방안을 논의해야 한다.

대통령기록관이 계속해서 독립성을 확보하지 못한다면 앞으로 집권하는 대통령들은 처음부터 기록을 생산하지 않거나 생산하더라도 정식기록으로 등록하지 않은 채 자서전 형태로 정보를 공개할 가능성이 높다. 자서전은 치적을 중심으로 쓰는 경우가 많아 객관적 기록이라고 평가하기 어렵다. 근본적인 구조 개편이 힘들다면 먼저 대통령기록관장과 위원들이라도 관련 전문가로 선정해야 하며, 선정 방식도 여야 및 학계의 추천을 받아 선임하는 것이 좋으리라 생각한다. 대통령기록관리전문위원회의 위원장을 차관급 이상으로 격상시켜 실질적인 운영 권한과 책임을 부여하는 것도 고려해야 한다. 대통령기록관이 온전한 독립적 구조를 가질 때 온전한 대통령기록관리도 가능할 것이다.

9장

기록관리전문요원의
독립성은
보장할 수 있을까

공공기록물법 제41조에는 "체계적·전문적인 기록물관리를 위하여 기록물관리기관에는 기록물관리 전문요원을 배치하여야 한다"고 규정하고 있다. 전 세계적으로 기록관리를 전문으로 하는 사람들을 통칭해서 '아키비스트'archivist라 하고, 한국의 공공기관에서는 '기록관리전문요원'이라고 부른다. 세계기록관리협의회ICA는 전 세계 아키비스트들이 모여서 만든 국제기구이다. 1948년에 설립되었으며, 인류 기록 유산의 보호와 기록관리의 발전을 목표로 하고 있다.

기록관리전문요원은 기록관리학 석사학위 이상을 취득했거나 기록관리학·역사학·문헌정보학을 졸업한 사람 중 기록관리전문교육원을 졸업하고 행정자치부 장관이 시행하는 기록물관리 전문요원 시험에 합격한 사람이 자격을 취득할 수 있다. 나는 공공기관에서 기록관리 업무를 직접 해 본 경험은 없지만 명지대학교 기록과학대학원에서 석사학위를 취득했으니 기록관리전문요원 자격을 가진 셈이다.

이렇게 기록관리전문요원 제도를 만든 것은 공공기관에서 시민들에게 필요한 기록을 주체적 관점에서 보존 및 활용하게 하고, 더는 필요가 없어진 기록을 객관적으로 평가하여 폐기하기 위함이다. 기록관리전문요원은 기록의 생애주기와 맥락을 파악해 기록을 역사적으로 남길지 판단하는 중요한 전문직이다.

주체적 대우를 받지 못하는 기록관리전문요원

하지만 현실은 그렇지 못하다. 공공기관에서 기록관리전문요원은 기록관리 및 대통령기록 문제와 관련해 주체적으로 대우를 받지 못하고 있다. 기록관리전문요원은 공공기관마다 한 명 정도 배치되어 있어 인원 자체가 부족하고, 관련 업무에 대한 의사결정 권한도 없는 경우가 많다.

대통령기록관에서 일하고 있는 기록관리전문요원들도 절대적인 숫자가 매우 부족하며, 정책결정에서도 큰 비중을 차지하지 못하고 있다. 국가기록원이나 대통령기록관에서는 대부분 일반직 공무원들이 과장직을 맡고 있고, 이들이 기록관리 업무의 지시·감독 권한을 행사하고 있다. 이런 이유로 기록관리전문요원이 공공기관에 배치된 지가 10년이 넘었지만 보람보다는 실망과 분노가 더 많았다.

일선 부처의 기록관리전문요원들의 상황은 더욱 나쁘다. 기록관리전문요원들 대부분이 총무과나 일반 행정부서에 소속되어 있어 각종 잡무 지원에 1순위가 되었고, 기록관리 업무보다는 다른 업무에 에너지를 쏟는 경우도 많다. 이런 척박한 현실에서도 이들이 묵묵히 기록관리 현장을 지키고 있기에, 기록관리전문요원들이 본격적으로 임용된 2005년부터는 기록의 생산과 체계적인 관리가 조금씩 발전하고 있다.

『훈민정음』, 『조선왕조실록』, 『승정원일기』, 『직지심체요절』, 『조선왕조의궤』, 『팔만대장경판』, 『동의보감』, 『일성록』, 『난중일기』, 5·18민주화운동 관련 기록물, 새마을운동 기록물 등은 유네스코의 세계기록유산에 올라 있다.* 이렇게 중요한 기록물이 보존되고 다음 세대가 감상할 수 있는 것은 기록을 남긴 사람들의 희생과 노고 덕분이다. 역사에 남을 올바른 기록을 위해 목숨을 던졌던 사관의 기록 정신이 현재에도 면면히 내려오고 있음을 느낀다.

그러나 이러한 사관 정신은 현 공공기관에서는 그다지 환영받는 분위기가 아니다. 대통령기록 문제가 터질 때마다 그 기록을 위해 온몸을 던졌던 기록전문가들의 탄식 소리를 들을 수 있었다. 많은 기록전문가는 정치권이 전임 대통령이 남겨둔 기록조차 자신들의 이해관계로 다루고 있음에 괴로워했다. 참으로 슬픈 일이다. 남북정상회담 대화록 같은 사태가 우리나라 기록문화에 어떤 영향을 미칠지 진지하게 고민하는 정치인을 보지 못했다. 그저 치킨게임으

---

* 엄민용, 「미래를 위해 오늘의 가치를 남기는 사람들, 기록연구사」, 네이버캐스트, http://navercast.naver.com/contents.nhn?rid=222&contents_id=57232.

로 서로를 공격하는 중에 사태는 일파만파 퍼져 나갈 뿐이다. 기록을 남겨 둔 사람은 이미 세상을 떠났으니 모든 것을 정치권의 이해관계로만 이용할 뿐이다.

프랑스의 경우, 2010년 한국·프랑스 정상회담에서 타결된 외규장각 도서 장기대여 협상과 관련해, 외규장각 도서 296권을 보관 중인 프랑스국립도서관 사서들이 장기대여 반대서명운동을 벌이고 성명까지 발표했다. 이들은 1993년에도 김영삼 대통령과 미테랑 프랑수아 대통령 간의 협상에 반대운동을 벌여 협상을 무산시키기도 했다. 양국 정상들이 합의한 내용을 국립도서관 사서들이 반대운동을 벌였다는 것은 놀라운 일이다. 프랑스에는 사서들이 전문가로서 자신들의 목소리를 낼 수 있는 문화가 형성되어 있는 것이다. 물론 장기대여 반대는 한국의 입장에서는 분통 터질 일이지만 말이다.

미국 국립기록관리처 현관에는 "민주주의는 여기서 시작한다"는 말이 써 있다. 바꿔 말하면, 민주주의의 시작점을 알리는 사람들이 바로 기록관리전문요원이라고 할 수 있다. 이들이 사회적으로 존경받고 자신의 업무에 자부심을 가질 수 있을 때 우리 사회의 민주주의는 더욱 단단히 다져질 것이다.

대통령기록의 정보공개 기준은?*

대통령기록관에 보존되어 있는 기록에 대한 공개 및 열람 서비스는 매우 중요하다. 현재 일부 기록에 대해서는 검색이 되고 있지만, 미흡한 것이 한둘이 아니다. 2015년 12월, 함께 일하는 동료가 대통령기록관에 '김영삼 전 대통령 취임사 영상'에 대해 정보공개청구를 했더니 아래와 같은 답변을 받았다.

1. 정보공개청구(2015. 11. 24, 접수번호 3257560)에 대한 회신입니다.

2. 귀하께서 청구하신 내용에 대해서 "공적 인물의 초상 이용에 관하여 인격 및 재산권인 '퍼블리시티권'이 있기 때문에, 상업적 목적(언론사 제공, 기고 등 목적)"에 대한 청구에 대하여 제공할 수 없음을 양지하시기 바랍니다.

이 답변은 두 가지 측면에서 논리적으로 말이 되지 않는다.

우선, 전직 대통령의 사진 및 영상의 경우 공개된 적이 있다. 법에서도 공적 인물, 그 중에서도 특히 대통령에 대해서는 '초상 이용에 관한 인격 및 재산권'에서 예외로 하고 있다. 연예인도 아닌 대통령의 영상 공개를 요청하는데 초상권을 언급하는 것은, 정보공개법을 조금만 이해하고 있다면 있을 수 없는 일이다.

---

* 이 글은 2015년 8월에 필자가 서울시 정보공개정책과에서 개최하는 정보공개스터디에서 발표한 내용을 정리한 것이다.

두 번째로 언론사 제공과 기고를 상업적 목적이라고 하는 것도 매우 부적절하다. 실제 이 답변서를 본 언론인들은 "매일 언론에 나오는 정치인들에 대해 상업적 목적이니 언론에 보도하면 안 된다는 논리"라고 말했다. 나는 정보공개청구를 통해 탐사보도를 하는 것을 오랫동안 강의했는데, 저런 논리라면 정보공개청구를 한 자료는 언론 보도에 쓸 수 없을 것이다. 국가기관이 이처럼 법을 오인 적용해 답변하면 신뢰성에 큰 문제가 생긴다. 이런 간단한 정보공개청구에조차도 이런 답변을 하니, 대통령기록관에 대한 불신도 깊어질 수밖에 없다.*

법 체계도 문제가 많다. 앞에서처럼 실제로 대통령기록을 공개받으려면 대통령기록관을 방문하거나 정보공개청구를 하는 방법밖에 없다. 그런데 대통령기록에 대해서도 정보공개법 9조(비공개 대상 정도) 1항에 근거해서 비공개처분을 하는 실정이다. 사실 정보공개법은 현재 행정에서 쓰이고 있는 정보(현용 기록)에 관해서 공개 기준을 설정하고 있는 것이지, 대통령기록으로 옮겨져 쓰임새가 끝난 정보까지 적용하는 기준이 아니다. 즉 대통령기록의 비공개 기준은 정보공개법보다 훨씬 더 완화되어야 하며, 일부 개인정보 등 비공개정보가 포함되어 있다고 하더라도 일정 시점이 지나면 공개를 확대해야 한다. 그런데 우리나라 공공기관은 이와 관련된 법과 기준을 가지고 있지 않다.

---

* 전진한, 「전직 대통령 사진, 마음대로 쓰면 다쳐!?」, 『프레시안』 2016. 2. 17.

2011년에 '진실·화해를 위한 과거사 정리위원회'는 2005년부터 수집하고 생산한 기록물을 모두 국가기록원으로 이관한 적이 있다. 1만 1,175건에 이르는 사건 기록물에는 1945년 해방 후의 좌우 대립에 의한 희생 사건, 6·25전쟁 중 민간인 희생 사건, 조봉암의 진보당 사건, 1980년 언론사 통폐합 등이 포함되어 있었고, 진실화해위원회가 활동 중에 생산한 기록이 2만 4,891건이었다. 그런데 이 중 공개가 가능한 기록은 6,770건에 불과했다. 나머지 기록들은 언제 공개될 수 있을지 아무도 확신할 수 없는 형편이었다. 과거사 기록은 진실화해위원회에서 조사 과정 중에 생산한 기록들이고, 그 결과물은 이미 언론 등을 통해서 발표되었다. 조사한 기록들도 대부분 과거 기록이라 현 시점에서 활용되지 않는 기록(비현용 기록)들이다. 하지만 정보공개법으로 공개 및 비공개 여부를 판단하다 보니, 이 기록들이 개인정보 등을 포함하고 있으면 현행법상 공개할 수 있는 근거가 부족하다.

이러한 예에서 보듯, 개인정보 등이라도 공개 시한에 대해 명확한 기준을 세우고, 시한이 넘어갈 경우 필수적인 개인정보(주민등록번호, 질병 정보)를 제외하고는 공개해야 할 것으로 판단한다. 일본의 경우 학력, 직장, 근무 경력, 재산, 소득 규모, 채용 등 가벼운 개인정보는 30~50년 안에 공개할 수 있도록 했고, 국적, 인종, 민족, 가족, 혼인관계 등 상대적으로 더 중요한 개인정보는 50~80년 안에 공개할 수 있도록 했다. 이런 기준은 대통령기록에 대해서는 대폭 완화해야 한다. 전임 대통령들은 주민번호를 제외하고는 사실상 개인정보는 없다고 봐야 한다. 국가기록원도 이런 문제를 인식하고 2007~2008년에 관련 연구를 진행했으나 검토할 의견들이 많아 큰 성과를 얻지 못했다. 하루속히 대통령기록에 관한 정보공개 기준을 별도로 제정해 시민들이 대통령기록을 최대한 서비스받을 수 있도록 해야 할 것이다.

10장

대통령기록제도의
필수조건

이 책에서는 그동안 대통령기록물법이 만들어진 뒤 어떤 일이 벌어졌는지 살펴보았다. 노무현 대통령은 평소 "기록하지 못할 일은 하지 마라"는 말을 자주 했다고 한다. 참 의미심장한 말이다. 앞에서 보았듯이 기록관리 전문가들과 시민활동가, 그리고 정치권이 노력한 끝에 대통령기록을 생산하고 보존하는 제도는 2007년에 꽃을 피웠다. 당시 여야와 시민사회가 합의해 의미 있는 제도를 만들어 냈고, 그로써 한국 현대사에서 체계적인 기록을 후세들에게 물려줄 수 있게 되었다. 불과 수십 년 전 사건을 규명하지 못하는 일은 앞으로 벌어지지 않을 것이라고 기대했다.

이 제도가 잘 정착되었다면 2023년(2008년부터 15년 후)부터는 학자와 탐사전문기자, 나와 같은 활동가들이 대통령기록관을 방문해 대통령기록에 담긴 2003~2007년의 역사를 마음껏 즐기고 있을 것이다. 그 뒤 5년 단위로 대통령지정기록물은 해제될 것이고, 이 기록들은 각종 책, 영화, 언론 보도 등으로 쏟아져 나와 시민의 알 권리를 충족시킬 것이다. 한국 정치에 관심 있는 전 세계 학자들과 언론인들은 한국의 대통령기록관을 방문해 마음껏 기록을 탐독할 것이다. 국내의 연구자가 한국의 기록을 찾기 위해 미국 국립기록관리처를 방문할 필요가 없는 것은 당연하다.

하지만 이런 기대는 애초부터 무리였는지 모른다. 체계적인 대통령기록을 최초로 남긴 노무현 대통령은 퇴임과 동시에 온갖 음해에 시달렸고, 이것이 기폭제가 되어 스스로 목숨을 끊었다. 서거 이후에도 온갖 억측과 기괴한 논리는 고인의 명예를 실추시켰다. 평소 자신의 치적으로 내세웠던 남북정상회담은 어느새 NLL 포기를 위해 개최한 것으로 비하되었고, 그가 남긴 기록은 정치권과 검찰 수사로 훼손당했다. 이런 장면을 고스란히 지켜본 정치인들은 내밀한 기록을 남기면 어떤 일을 당하는지 결코 잊지 않을 것이다. 사실 이제 대통령기록이 온전히 생산되고 이관될 수 있을지 확신이 없다. 대통령기록은 역사의 평가를 위한 소중한 기록이 아니라, 정치권의 이해관계에 악용되는 도구가 되었다. 불행하고 딱한 현실이다.

이런 악순환의 고리를 누군가 끊어야 한다. 대통령이 남긴 기록을 여야 정치인들이 정치적 목적을 위해 왜곡하고 폄훼하는 문화는 반드시 없애야 할 것이다. 이런 사태가 계속 반복된다면 우리 스스로 반복적으로 자해하는 것과 마찬가지이다. 지금부터라도 노무현 대통령이 만들어 놓은 이 제도를 다시 평가하고, 그의 기록을 정치 발전의 자양분으로 사용해야 한다. 정치인 노무현은 많은 장단점이 있고 평가에 있어서도 논란이 있지만, 그가 남긴 대통령기록은 그 어떤 대통령도 하지 못한 위대한 업적임이 분명하다.

반면 노무현 대통령기록에 관해 수많은 공격을 퍼부었던 이명박 대통령은 기록을 제대로 이관하고 보존했는지 의심스러운 점이 한둘이 아니다. 이관 과정 및 기록 통계도 명쾌한 것이 없는데, 퇴임 후 자신의 자서전을 통해 온갖 비밀을 폭로하는 기염을 토하기도 했다. 그 비밀 폭로가 우리 외교사에 큰 오점으로 남을 것이 분명한 데도 그는 자서전 출간을 감행했다. 덕분에 책은 베스트셀러를 기록하며 현재도 대형 서점에 전시되어 있다. 하지만 책에 있는 수많은 기록을 어디서 어떻게 참고했는지 별다른 언급은 하지 않고 있다. 자신이 재임하던 시절 대통령기록에 대해 엄청난 공격을 퍼부었고 그 결과 대통령기록물법이 이렇게 망가져 가고 있는 것에 대해서도 아무런 이야기가 없다. 기가 막힌 현실이다.

지금 박근혜 정부에서도 대통령기록 문제는 계속 사회적 논란이 되고 있다. 앞으로도 대통령기록물법 해석에 대한 논쟁은 계속될 것이고, 정치권은 자신들의 이해관계에 따라 이 제도를 이용할 가능성이 높다. 그리고 정치권에서 정쟁이 심화될수록, 대통령기록을 남기고 후임 대통령이 그 기록을 보호하는 문화는 점점 사라질 것이다.

이제 사회적 대합의가 필요한 시점이다. 대통령은 재임하는 동안 경험한 내밀한 기록을 제대로 남기고 후임 대통령들은 기록을 보호하는 문화를 존중하겠다는 합의가 필요하다. 필요하다면 대통령선거에 출마하는 후보자들에게 이와 관련된 서약이라도 받아야 한다. 업적을 홍보하기 위한 대통령기록관이어서는 안 된다. 그리고 대통령은 기록을 통해 냉정하게 평가되어야 한다. 조선시대의 기록 덕분에 현대의 수많은 사극이 만들어질 수 있었고, 그것은 한류를 일으키는 바탕이 되었다. 기록이 상상력을 자극하고, 그 상상력은 곧 문화적 힘이 된다. 이 책도 지난 10년 동안 일어났던 '기록'과 관련된 사태를 기록하기 위해 만들어졌다.

활동가로 일하면서 대통령기록물법을 만드는 기쁨을 맛보았지만 정치적 공격이 있을 때마다 너무 괴롭고 힘들었다. 아무리 대통령기록물법을 제정한 목적이 선했다고 세상에 외쳐도 다른 억측과 의혹을 얘기했다. 이런 꼴을 당하려고 법을 만들었는지 자책한 게 한두 번이 아니다. 우리 사회에서 아무도 관심을 기울이지 않을 때 이 제도를 만들기 위해 참 많은 사람들이 고생했다. 그들의 노력을 헛되게 해서는 안 될 것이다. 이제 정치권은 대통령기록을 이용한 정쟁을 없애야 한다. 향후 대통령이 될 사람들은 충실히 대통령기록을 생산하고 대통령기록관은 이를 독립적으로 관리해, 기록으로 평가받는 사회가 되길 간절히 바란다.

에필로그

참여정부 대통령기록관리
탄생 배경

조영삼 박사와의 대화

공공기록물법이 시행된 지 15년이 지났고, 그동안 기록관리 현장에서는 수많은 제도 개혁과 투쟁들이 있었다. 많은 연구자와 활동가들이 기록관리의 발전을 위해 뛰어다녔지만, 한 사람을 빼놓고는 이야기할 수가 없다. 그는 2000년 국회기록보존소에 국내 기록관리전문요원 1호로 임용되어 기록관리 현장을 지키다가, 대통령비서실, 교육과학기술부, 한신대 교수를 거쳐 현재 서울시 정보공개정책과장으로 재직 중이다. 자기 변신을 거듭했지만 기록관리전문요원이라는 정체성을 잃지 않고 기록관리 현장을 지키고 있다. 그는 조영삼*이다.

특히 조영삼은 참여정부 기간 대통령비서실에서 기록관리전문요원으로 근무하면서 대통령기록을 어떻게 관리했는지 현장에서 경험했다. 명지대학교 기록정보과학전문대학원에서 '한국의 대통

---

* 조영삼 주요경력: 2000~2005년 3월 국회 기록관리전문요원, 2005년 5월 ~ 2008년 4월 대통령비서실 기록관리전문요원, 2008년 4월 ~ 2009년 2월 교육과학기술부 기록관리전문요원, 2009년 3월 ~ 2012년 12월 한신대학교 한국사학과 초빙강의교수, 2013년 1월 ~ 현재 서울시 정보공개정책과 과장.

령기록관리제도'로 박사학위를 받아 사실상 우리나라 최고의 대통령기록관리전문가로 평가받고 있다. 이 책에서도 소개했듯이 교육과학기술부 기록관리전문요원 시절, 법원이 노무현 대통령지정기록물 전체에 대해 영장을 발부하자 이에 대해 대통령지정기록물이 훼손될 수 있다는 비판을 언론에 기고하여 파문을 일으키기도 했다. 현직 공무원으로 법원과 검찰을 비판한 것은 매우 이례적인 사건이었다.

박원순 서울시장이 부임한 이후 서울시 정보공개정책과장으로 활동하면서 혁신적인 정보공개정책을 이끌고 있으며, 지방자치단체로는 최초로 서울의 역사가 담긴 주요 기록물을 관리·보존하고 시민들이 열람할 수 있는 '서울기록원' 건립 사업에 매달리고 있다. 조영삼 과장과 대통령기록과 관련한 지난 10년 동안의 사태에 대해 이야기를 나누었다.

전진한 이렇게 책과 관련해 대담을 해주셔서 감사드립니다. 한국에서 공공기관에 임용된 기록관리전문요원 1호이신데요, 그동안 어떤 일을 해 오셨는지 소개를 부탁드립니다.

조영삼 네, 말씀하신 대로 국회기록보존소에 기록관리 담당으로 2000년에 임용되었습니다. 국회에서 4년 반가량 일을 하다가 참여정부 대통령비서실에서 기록관리전문요원으로 일하게 되었습니다. 당시 많은 것을 경험하고 배울 수 있었습니다. 그 뒤로 교육과학기술부에 잠깐 있었고요, 한신대학교 한국사학과 초빙강의교수로 있으면서 기록관리 대학원에서 학생들을 가르치기도 했습니다. 현재는 서울시 정보공개정책과장으로 재직 중입니다.

전진한 사실상 조 과장님이 일하신 경력이 기록관리의 역사라고 볼 수 있는데요, 지난 15년간 각 분야에서 근무하면서 한국의 기록 관리 실태를 보신 느낌이 어떤지 궁금합니다.

조영삼 참 많은 생각을 하게 됩니다. 우리나라는 기록관리를 다른 나라들에 비해 늦게 시작했습니다. 김대중 정부 시절인 2000년이 되어서야 시행했으니 많이 늦은 거지요. 하지만 공공분야에서 기록 관리가 압축적인 발전을 한 것은 사실입니다. 노무현 정부 때 정부 혁신을 강력히 추진했잖아요. 그때 기록관리가 정부 혁신의 시작이 라고 할 정도였습니다. 하지만 그 뒤 토대 없는 압축 성장의 부작용 으로 기록이 정치적으로 악용되는 사태가 벌어졌고, 그 결과 지금 은 정체되어 있다고 생각합니다.

전진한 참여정부에서 기록관리는 꽃을 피웠고, 저도 당시 참여연 대 활동가로 일하면서 그 도입 과정을 다 보았는데요, 당시 내부에 서 보는 분위기는 어땠습니까? 실제로 참여정부는 기록관리에 에 너지를 쏟았나요?

조영삼 네, 그렇습니다. 참여정부는 기록관리가 국정 운영의 기본이자 정부 혁신의 시작이라고 생각했습니다. 더욱 놀라운 것은 이런 생각을 가장 확고히 하고 앞장선 분이 바로 노무현 대통령이었습니다. 당시 노 대통령은 국가기록관리 혁신을 새 출발이라고 하셨습니다. 그동안 얼렁뚱땅했던 것을 모두 국민 앞에 공개하고 앞으로 안 그러겠다는 맹세를 해야 한다고 하셨을 정도였죠. 노 대통령은 기록관리에 대해서 아주 구체적인 것까지 관심을 가졌습니다. 심지어 대통령비서실 기록관리시스템의 개발과 진행 결과를 직접 보고받기도 했으니까요. 시스템 개발 같은 구체적인 업무까지 대통령께 직접 보고하는 일은 아마 앞으로도 없을 것 같습니다. 그만큼 기록관리에 대한 관심과 확신이 강했습니다.

전진한 좀더 구체적으로 질문을 드리겠습니다. 참여정부 때 기록관리 혁신을 위해서 어떤 노력을 했고, 구체적인 성과는 무엇이 있는지 소개 부탁드립니다.

조영삼 당시 정부혁신지방분권위원회 산하의 전문위원회에 기록관리혁신전문위원회가 있었고, 이 위원회의 활동이 국가기록관리 혁신의 토대가 되었지요. 정부혁신지방분권위원회에서 기록관리혁신전문위원회를 만들어서 국가기록관리 혁신의 방향을 만들었습니다. 그게 국가기록관리 혁신 로드맵입니다. 집행은 국가기록원이 맡았습니다. 대통령비서실은 정책의 수립과 집행을 조율하는 역할을 했고요. 이 세 기관이 기록관리혁신 TF를 구성해서 정기적으로 회의를 진행하면서 일을 추진했습니다.

중요한 것은 대통령비서실이 혁신선도기관의 역할을 했다는 것입니다. 대통령비서실이 혁신의 모범 사례가 되었고, 이를 토대로 정부 내의 확산을 추진했습니다. 그러기 위해 대통령비서실은 선진적인 제도와 시스템을 도입했습니다.

국가기록관리 혁신의 성과로는, 대통령기록물법을 포함해 기록 관련 법안들을 제정 및 개정했고요, 호주 등 해외의 선진 전자기록관리체제를 참고해 기록관리시스템RMS: Records Management System을 도입했습니다. 이렇듯 제도를 만들고 시스템을 도입했습니다만, 아쉬운 것은 국가기록관리 혁신을 추진할 혁신 주체를 세우지 못한 것입니다. 애초에 기록 관련 전문가 집단에서는 거버넌스형 혁신기구로 국가기록관리위원회 같은 독립적인 행정위원회 설치를 주장했는데 실현되지 못했습니다. 국가기록원의 조직 위상과 확대로 이어지기는 했는데, 그건 기관의 확대였지 기록관리 혁신의 주체적 조직은 아니었습니다.

전진한　그러면 본격적으로 대통령기록관리 사태에 관해서 얘기를 좀 해보겠습니다. 우선 e지원 유출 사태에 대해 이야기를 좀 해주시지요. 당시 상왕 노릇을 하려고 한다, 비밀기록이 유출되었다, 인사기록도 유출된 것이 아니냐는 등의 비판이 있었는데요.

조영삼　참여정부는 대통령기록의 관리를 위해서 대통령기록물법을 제정했고, 법에 따라 모든 기록을 수집하여 대통령기록관으로 이관했습니다. 봉하마을로 가져간 것은 지금도 명확히 얘기할 수 있지만 사본copy입니다. 대통령기록물법을 도입한 목적은 두 가지가 있는데요, 대통령기록을 잘 보존하여 다음 세대가 대통령기록을 잘 활용하도록 하자는 것과 대통령이 재임 중에 생산한 기록을 퇴임 후에 잘 활용하는 문화를 만들자는 것이었습니다. 두 번째를 좀 더 강조하고 싶은데요. 우리나라는 대통령을 두 번 할 수 없는 단임제입니다. 대통령 재임 5년 동안 경험한 많은 사례들과 노하우를 기록하고 퇴임 이후에는 그 기록을 활용해 사회 발전의 밑거름으로 쓰자는 의도가 있었던 것이죠. 사실상 퇴임 이후에 전임 대통령으로서 사회에 기여하자는 목적이 있었던 것입니다.

그런데 대통령기록물법 제정이 여러 사정으로 원래 일정대로 진행되지 못하고, 퇴임 1년도 남기지 않은 2007년에야 제정·시행되었습니다. 이런 상황 때문에 퇴임 후 활용 체계를 갖출 물리적 준비 시간이 모자라게 되었습니다. 예를 들어 봉하마을에서 대통령기록 온라인 열람 체계를 갖추는 것들이 무산되었습니다. 그래서 대통령기록을 활용하는 불가피한 방법이 사본을 가져가는 것이었습니다. 특히 노무현 대통령의 경우 사저가 봉하마을에 있고 대통령기록관은 성남에 있어서 대통령기록 활용을 위해서는 불가피한 조치였습니다. 다시 돌아와서, 본질적인 문제는 대통령기록을 이관하지 않고 가져갔다면 유출이 확실합니다. 하지만 참여정부는 원본 및 진본을 대통령기록관으로 이관하고 사본을 가져간 것이기 때문에 유출이 될 수 없죠.

전진한　설명을 들으니 여러 사정이 이해가 되는데요, 법안에 대통령기록 사본을 가져가는 것이 문제가 되지 않도록 법조항을 만들었으면 어땠을까 하는 생각이 들기도 합니다. 또 당시 비밀기록이 유출되었다는 비판도 있었는데요.

조영삼　대통령기록물법이 사본 문제를 거론하지 않은 것은 사실 기록관리 전체에서 풀어야 합니다. 기록관리의 대상은 원본과 진본이지 사본은 아닙니다. 따라서 법에는 원본과 진본의 관리에 대해 정합니다. 물론 열람을 위한 사본 제작을 법에 규정할 수는 있겠지요. 실제로 대통령지정기록물의 열람을 위해서 사본 제작을 하도록 정해져 있기도 하고요. 그런데 전직 대통령의 열람은 특별한 일이 아닌 일상적으로 가능한 일이어야 합니다. 그래서 법에 대통령기록관은 전직 대통령의 열람 편의를 제공하도록 하는 것으로 충분하다고 생각했습니다. 그런데 그 열람 편의가 시스템 차원에서 완비되지 못한 겁니다. 그래서 어쩔 수 없이 사본을 가져간 것입니다. 아무튼 애초에 열람을 위한 온라인 접근이 가능하면 사본을 제작할 필요가 없는 것이라 법 제도를 따로 두는 것을 고려하지 않았습니다. 비밀기록 및 인사기록이 유출되었다고 비판하시는 분들도 있었는데요, 이는 e지원 시스템을 정확히 몰라서 하는 말입니다. 우선, 사본은 e지원 시스템을 복사하는 방법으로 봉하마을로 가져갔습니다. e지원 시스템에서 문서를 만들고 유통하는 것은 철저하게 업무와 연동되어 있습니다. 비밀과 비밀이 아닌 것을 분리하여 유통하는 시스템이 아닙니다. 각각의 업무와 문서가 맥락을 이루어 구성되었기 때문에 비밀만 따로 떼어서 가져가는 것이 불가능합니다. 비밀은 보유하고 있는 것보다 더욱 중요한 것은 누설하지 않는 것이어서 큰 문제가 되지 않는다고 보았습니다. 다시 한번 강조하지만, e지원을 복사한 것은 철저히 대통령의 열람 방법의 수단이었습니다. 전직 대통령의 재임 중 생산한 기록에 대한 열람권 보장을 위한 것이었죠.

전진한 그런데도 국가기록원이 참여정부 전직 비서진 열 명을 고발했습니다. 참 많은 것을 생각하게 한 사건인데요, 어떻게 보셨습니까?

조영삼 당시 국가기록원이 주체적으로 나서서 비서관 열 명을 고발했다고 생각하지는 않습니다. 알 수는 없지만 아마도 국가기록원 의지 이외에 다른 것이 작용했을 것으로 판단합니다. 지금도 그렇지만 국가기록원은 독립성에 큰 문제가 있었습니다. 국가기록원은 행정자치부 소속 기관이고, 행정자치부는 대통령의 의중을 가장 빨리 파악해야 하는 곳입니다. 이런 구조가 대통령기록을 관리하는 기관으로는 치명적이라고 판단합니다. 특히 우리나라처럼 대결적 정치가 일상화되어 있는 곳에서는 더욱 큰 문제입니다. 대통령기록 관은 애초 독립적 기관으로 지위를 부여하는 것이 맞았다고 생각합니다.

전진한　참여정부에서 대통령기록관을 독립적 기구로 만들 수 있었을 텐데, 왜 그렇게 하지 않았는지요?

조영삼　독립기관은 새로운 기관을 신설하는 것입니다. 정부조직법을 개정하는 문제라 당시에는 큰 부담이었습니다. 또한 행정자치부에서 별도 독립하는 것을 불편하게 생각하는 관료들도 많이 있었습니다. 앞에서 말했듯이 당시 학계나 전문가들은 국가기록원의 독립을 주장했습니다. 대통령기록관리도 마찬가지였습니다만, 국가기록관리 혁신 로드맵에서 기록관리 혁신을 위한 조직적 대안을 포함하지 못했고, 이는 나중에 대통령기록관에도 영향을 미쳤습니다. 국가기록원도 독립기관이 아닌데 그 소속 기관이 될 대통령기록관이 그렇게 될 리가 없었던 거죠. 지금 생각해도 아쉬운 부분입니다.

전진한　남북정상 대화록 사건도 우리 사회에 큰 파문을 몰고 왔는데요, 어떤 느낌이 들었는지 궁금합니다.

조영삼　저는 그 업무를 하지 않아서 모릅니다만, 남북정상 대화록 완성본이 누락된 것은 대통령 임기 말이라는 시기와 관련된 것이 아닐까 추측해 봅니다. 임기 말 e지원 시스템은 이관을 위해서 사실 폐쇄했습니다. 지금 추측해 보면 남북정상 대화록은 그 시기가 지나 완성본을 등록하지 못한 것이 아닌가 하는 생각이 듭니다. 결국 무슨 의도가 있었던 것이 아니라 기술적·시기적 문제라는 겁니다. 그리고 대화록 초본을 지우는 것은 완결성 있는 대화록을 관리하고 보존하기 위해서 당연한 것이라 판단합니다.

전진한 1급 비밀이었던 대통령기록이 정치적 공방에 사용되는 것을 어떻게 보셨는지요? 사실 이런 사례가 세계적으로 없었지요.

조영삼 국가 정상 간의 대화가 녹취록이라는 형태로 공개된 사례가 있나요? 저는 아직 그런 사례를 본 적이 없습니다. 특히 정보기관이 나서서 공개하는 것은 옳지 않다고 봅니다. 기록을 관리한다는 것이 공개 및 활용의 목적도 있지만, 그 내용에 따라 달라진다고 봅니다. 비밀의 영역이 존재하는데 국가기관 및 정보기관이 비밀을 해제하는 것은 적절하지 않은 행태라고 생각합니다.

전진한 이 사건 후에도 대통령 비서진들이 계속 고발되어서 재판을 받았는데요, 다행히 고등법원에서까지 무죄를 받고 있습니다만, 실무자들이 이렇게 고발당하는 문화가 좋아 보이지는 않습니다.

조영삼 이 사건을 기록관리 측면에서 보면, "조금이라도 불리한 기록은 애초에 만들지 말거나 알아서 개인적으로 처리하라"는 메시지를 국가가 주고 있다고 생각합니다. 기록은 절대 정치적인 정쟁의 도구로 사용되면 안 됩니다. 『조선왕조실록』을 만들기 위해서 사초를 만들었는데요, 당시 사관들에게 정론직필을 요구하면서 임금에게도 사초에 접근하지 못하도록 했습니다. 이것이 기록관리 정신이지요. 비서진들을 이렇게 고발하는 것은 기록관리 정신을 위배하는 행위입니다. 전근대 사회 수준에도 미치지 못하고 있는 것이죠.

전진한　다른 질문을 좀 하겠습니다. 노무현 대통령은 서거했고 대통령지정기록물은 남아 있는데요, 이 기록들은 언제 해제해야 할까요?

조영삼　법에서 국회의원 재적 3분의 2의 동의를 거치거나, 고등법원 영장을 발부하면 열람할 수 있게 되어 있습니다. 보호기간이 최장 15년인데, 대통령지정기록물은 보호를 목적으로 접근을 제한하는 것이지만 필요할 때는 공개할 수도 있습니다. 예를 들어 전직 대통령이 대통령지정기록물의 내용을 언론에 공표할 때, 대통령지정기록물은 자동으로 공개할 수 있지요. 노무현 대통령이 살아 계셨으면 출판이나 인터뷰를 통해서 지정기록물의 많은 부분을 공개로 전환했을 것 같습니다. 지금은 대통령이 돌아가셨기 때문에 15년이 지나야 공개할 수 있습니다. 안타까운 일이지요.

전진한   대통령지정기록물 제도 개선이 필요하다는 주장이 있습니다. 가령 현재는 대통령지정기록물이 대부분 전자기록물로 관리되고 있고, 그래서 향후 열었는데 내용이 존재하지 않을 수도 있습니다. 혹시 실물 형태로도 관리가 필요한 것 아닐까요?

조영삼   전자기록을 이관할 때에는 제대로 이관되었는지 검수를 합니다. 기록의 양이 많아 일부를 샘플 검수합니다. 생산 당시에 전자기록을 건마다 하나하나 확인하기는 쉽지 않습니다. 그런데도 전자적으로 이관하는 것이 가장 나은 방법이라고 보았습니다. 만약 종이기록으로 출력한다고 하면, 이는 사본기록이 됩니다. 전자적으로 생산한 것은 전자적으로 이관한다는 것이 원칙입니다. 하지만 기록의 안정성을 위해 종이기록으로 사본을 만드는 것은 고려해 볼 수 있겠습니다. 그러나 시간과 비용이 많이 든다는 것을 고려해야 합니다.

전진한   최근 청와대에 정보공개청구를 하면 대통령지정기록물로 예정하고 있어서 정보공개에 응하지 않겠다고 답변하는 경우를 볼 수 있는데요, 여기에 대해서 어떻게 보십니까?

조영삼   사실 일반 시민들이 대통령기록물법을 상세히 알지 못하기 때문에 청와대에서 이런 답변을 할 수 있다고 생각합니다. 심지어 고의로 악용하고 있다는 생각도 듭니다. 대통령기록물법에 의하면

지정기록의 효력은 퇴임 후 발생합니다. 퇴임 전에는 대통령지정기록물로 효력이 없습니다. 따라서 비공개할 것이 있으면 정보공개법 9조 1항의 비공개사유에 따라 비공개처분을 하면 됩니다. 대통령지정기록물로 지정될 가능성이 있으므로 비공개한다는 것은 헌법상 보장되어 있는 알 권리를 침해하고 있는 것입니다.

전진한 이명박 대통령이 생산한 기록 실태에 대해서는 어떻게 생각하시는지 궁금합니다. 퇴임 이후에 노무현 대통령보다 더 많은 기록을 생산했다고 해서 사람들을 놀라게 했는데요.

조영삼 우선 상당한 수량의 대통령기록을 이관한 것에 대해 놀랐습니다. 대통령기록은 재임 중에 생산현황을 매년 국가기록원에 통보하게 되어 있는데요, 이 현황을 제가 계속 모니터링해 왔습니다. 이명박 정부는 참여정부가 만든 e지원 시스템을 대폭 완화해 '위민시스템'으로 바꿨어요. 제가 생산현황 통보를 모니터링해 보니 위민시스템에서는 기록이 거의 생산되지 않았습니다. 특히 민정수석실 같은 경우 생산한 기록이 거의 없었습니다. 그런데 어느 날 엄청난 양의 전자기록을 이관했다고 발표했습니다. 이것은 둘 중 하나이겠지요. 일부러 생산현황을 부실하게 통보했거나, 아니면 어떤 방법으로 수량을 부풀린 것이죠. 전자기록은 건수를 헤아리는 특별한 규칙이 없습니다. 어떤 방법으로 헤아렸는지에 따라 기록 건수는 얼마든지 부풀릴 수 있습니다.

전진한　이명박 대통령은 대통령지정기록물에 비밀기록을 다 넣어서 이관했다고 발표했습니다. 비밀기록을 한 건도 남겨두지 않았는데요, 이에 대해서는 어떻게 보셨습니까?

조영삼　비밀은 국가 안보와 관련 있고, 이것을 보호할 목적으로 비밀기록을 만듭니다. 대통령지정기록은 비밀기록보다 더 접근을 엄격히 하는 것입니다. 그런데 비밀기록 중에서 후임 정권이 참고해야 할 기록들이 있을 수 있습니다. 비밀기록을 모두 대통령지정기록물로 지정해 버리면 후임 정권이 활용할 수가 없습니다. 대통령지정기록물은 후임 정권이 접근하지 못하지만, 비밀기록은 후임 정권에서 접근할 수 있어야 합니다. 그런데 대통령지정기록물에 비밀기록을 다 포함했다고 하는 것은 기록을 만드는 목적에 관심이 없었다는 것을 의미합니다. 국가 안보가 꼭 자신의 정권에서만 중요한 것은 아니지요. 공공기록의 공공성을 고려하지 않은 처사라고 판단합니다.

전진한　비밀기록을 남기지 않은 것은 정부의 대응 능력과도 관계가 있을 것 같습니다. 그러면 최근 논란이 되고 있는 청와대의 대응 능력과 기록은 상관관계가 있을까요?

조영삼　네, 그런 측면도 있다고 봐야겠지요. 참여정부는 업무 매뉴얼과 관련해서 기본적인 문서를 담아 5백 70여 건의 매뉴얼과 6만여 건의 기록을 e지원 시스템에 남겨 두고 나왔습니다. 비록 여야 정권 교체가 되었지만, 정부의 업무는 지속성이 있어야 하기 때문에 기록을 남겨 둔 것이죠. 여기에는 위기관리 매뉴얼이라는 것도 포함되어 있었는데요, 이명박 정부에서 국가안전보장회의의 재난 관련 분야가 없어지면서 그 기능이 각 부처로 옮겨졌고, 위기관리 매뉴얼도 이 과정에서 흩어진 것 같습니다. 사실상 용도 폐기한 것이죠.

이는 전임 정부의 업무를 참고하지 않겠다는 것과 마찬가지입니다. 매뉴얼이 필요할 것이라고 깊이 생각하지 않았다고 봅니다. 업무의 성과물이 기록인데, 이렇게 매뉴얼을 용도 폐기하는 것은 차후에 업무를 체계적으로 하지 않겠다는 것과 마찬가지입니다. 특히 이명박 대통령 당선 이후, 대통령직 인수위원회에 인사 정보 검증체계를 넘겨주려 했으나 필요없다고 받지 않았다고 알고 있습니다. 결국 그것이 인사 참사로 이어졌다고 봅니다. 인사 관련 자료를 봉하마을에 가져갔기 때문에 확인하지 못했다는 것은 엉뚱한 얘기입니다.

전진한 이명박 대통령은 자서전을 통해서 비밀로 유추할 수 있는 많은 내용을 공개해 파문이 일어났는데요, 이는 어떻게 보고 계신지요?

조영삼 확신할 수 없지만, 비밀로 지정된 내용을 회고록 형태로 대중에게 공표했다면 그것은 책임져야 할 행동입니다. 대통령지정기록물인 경우 전직 대통령으로서 공개할 수 있다고 판단합니다만, 대통령이 직무상 취득한 비밀정보는 비밀이 해제될 때까지 누설해서는 안 됩니다. 그런데 지금 대통령지정기록물 안에 비밀기록을 다 묶어서 이관했기 때문에 이명박 대통령의 발언이 비밀인지 아닌지 확인할 수가 없습니다. 이런 이유로 대통령지정기록물에 비밀기록물을 함께 묶어 두면 안 되는 것이지요.

전진한 대통령기록과 비슷하게 지방자치단체장들의 기록도 중요하다고 생각합니다. 지방자치단체장들의 노하우를 담은 기록은 보호할 수 있을까요?

조영삼 지방자치단체장들은 노하우를 담은 기록을 남기기가 쉽지 않습니다. 기록을 남기면서도 보호받아야 할 예민한 기록도 있습니다. 그런데 지금은 그것을 보호할 수 있는 제도가 없습니다. 대통령지정기록물을 만들 때 가장 큰 목적은 기록이 퇴임 이후 정쟁의 도구로 사용되는 것을 막는 것이었습니다. 퇴임 이후 국회가 요구할 때 법률적으로 보호할 방법이 있어야 한다는 것이었죠. 그런데 지방자치단체장은 기록을 남겨도 보호할 수 없습니다. 그래서 제가 알기로는 대부분의 지방자치단체는 장의 대화록을 남기지 않고 있습니다. 수원시 같은 경우에 사관을 두어 면담 내용을 기록하게 하다가 지금은 그렇게 하지 못하는 것으로 알고 있습니다. 기록의 보호장치가 마땅하지 않아서 아예 기록하는 행위가 없어져 버린 거죠. 제도적으로 보호할 방안이 필요합니다. 기록을 만든 기록 생산자가 자신이 만든 기록으로 공격받지 않아야 한다고 봅니다.

전진한　미국에서 벌어진 힐러리 이메일 공개에 대해서는 어떻게 생각하시는지요? 우리나라에서는 이메일이 왜 국가기록으로 관리되지 않을까요?

조영삼　우리나라에서도 이메일이 공공기록 관리 대상에 포함되어야 한다는 주장이 있었지만 제도화되지 않았습니다. 우리 행정 행위의 기본은 문서행정입니다. 따라서 공문서에서 효력 발생이 시작합니다. 미국에서는 이메일도 행정 효력이 있는 공문서 역할을 합니다. 우리나라는 이메일이 공문서의 효력이 없기 때문에 문화가 다르다고 봐야 합니다. 사실 어떤 공적 행위를 할 때 많은 과정이 이메일 교환으로 이루어집니다. 하지만 이런 기록들은 남기지 않고 있습니다. 우리나라는 결과를 중심으로 기록을 남기기 때문에 발생하는 문제입니다. 공적 합의가 필요하다고 생각합니다.

전진한　서울시가 전국 최초로 서울기록원을 설립하는데요. 독립성 문제를 고려해 보아야 하지 않을까요?

조영삼　정부는 대통령기록관을 독립적으로 설계할 수 있습니다. 물론 국회의 동의가 필요하겠지만요. 그런데 서울시에서 어떤 조직을 만들 때 그 위상 및 조직 구성의 권한이 모두 자율적이지 않습니다. 예를 들어 국장급 위상을 갖는 서울기록원이 되려면 행정자치부의 승인을 받아야 합니다. 가능한 조직 위상과 구성이 한정되어 있는 것이죠. 따라서 서울시가 독립적으로 만들기 위한 조직 설계가 불가능한 상황입니다. 하지만 시민들이 참여하는 거버넌스형 조직으로 만드는 것은 가능하다고 생각합니다. 형식적으로 독립이 되어 있지는 않지만, 내용상으로 독립성을 구현하도록 해야 하죠. 시민이 적극적으로 참여하는 거버넌스형 조직으로 만들면 그것이 가능하지 않을까 생각하고 있습니다.

전진한   서울기록원 설립의 의미가 무엇인지 말씀 부탁드립니다.

조영삼   공공기록물법이 시행된 것이 2000년입니다. 제정 당시 법률에, 지방에 영구기록관리기관을 만들 수 있도록 했습니다. 그러나 단 한 군데도 설치하지 못했습니다. 이제 서울시가 처음으로 지방영구기록관리기관을 만드는 것입니다. 최근에 경남에서도 기록원을 만든다는 보도를 보았습니다. 반가운 일입니다. 다른 지역에도 확산되길 기대합니다.

서울시가 기록원을 만드는 것은 매우 큰 의미가 있습니다. 단순히 건물 하나 짓는 것이 아니라, 서울시민의 문화적 삶의 질을 높이는 데 기여하는 기관이 하나 더 생기는 것입니다. 서울기록원은 기록을 보존하는 곳에 그치지 않고, 기록을 매개로 서울의 정체성을 대변하는 기관이 될 겁니다. 지금 그 정체성을 찾는 노력을 하고 있습니다. 서울기록원이 서울의 중요한 기록과 서울시민의 말과 글을 수집하고 관리해서 역사로 전승하는 역할을 제대로 수행하는 기관이 되도록 하겠습니다.

전진한 　마지막으로, 기록관리 일을 15년간 하시면서 가장 큰 자부심은 무엇이었는지 여쭙고 싶습니다.

조영삼 　기록관리와 정보공개는 민주주의의 중요한 수단입니다. 기록관리와 정보공개가 투명한 정부, 시민에게 설명의 책임을 다하는 정부를 위한 토대인 것이죠. 그런 차원에서 제가 기록관리와 정보공개 일을 하는 것이 민주주의에 조금이라도 보탬이 된다는 자부심을 갖고 있습니다.

대통령 기록전쟁

노무현, 대통령기록을 남긴 죄

초판 1쇄 발행 2016년 10월 3일

지은이 전진한
펴낸이 오은지
책임편집 변홍철
표지 디자인 박대성
펴낸곳 도서출판 한티재 등록 2010년 4월 12일 제2010-000010호
주소 42087 대구시 수성구 달구벌대로 492길 15 전화 053-743-8368 팩스 053-743-8367
전자우편 hantibooks@gmail.com 블로그 www.hantibooks.com

ⓒ 전진한 2016
ISBN 978-89-97090-60-0 03300

이 도서의 국립중앙도서관 출판예정도서목록(CIP)은 서지정보유통지원시스템 홈페이지
(http://seoji.nl.go.kr)와 국가자료공동목록시스템(http://www.nl.go.kr/kolisnet)에서
이용하실 수 있습니다. (CIP제어번호: CIP2016021784)